चित्तकोबरा

[उपन्यास]

चित्तकोबरा

मृदुला गर्ग

राजकमल प्रकाशन

ISBN : 978-81-267-2405-5

मूल्य : ₹595

पहला संस्करण : 1979
पहला राजकमल संस्करण : 2013
पाँचवाँ संस्करण : 2022

प्रकाशक : राजकमल प्रकाशन प्रा.लि.
1-बी, नेताजी सुभाष मार्ग, दरियागंज
नई दिल्ली-110 002

शाखाएँ : अशोक राजपथ, साइंस कॉलेज के सामने, पटना-800 006
पहली मंज़िल, दरबारी बिल्डिंग, महात्मा गांधी मार्ग, प्रयागराज-211 001
36 ए, शेक्सपियर सरणी, कोलकाता-700 017

वेबसाइट : www.rajkamalprakashan.com
ई-मेल : info@rajkamalprakashan.com

मुद्रक : बी.के. ऑफ़सेट
नवीन शाहदरा, दिल्ली-110 032

CHITTAKOBARA
Novel by Mridula Garg

हमसफर को

प्रक्रिया

जो लिखा है, उसे उपन्यास कहते मुझे संकोच हो रहा है। जिस तरह यह लिखा गया, याद करके हँसी आती है। एक कहानी थी जो मेरे अन्तर्मन में फैलती-सिकुड़ती रहती थी। फिर...एक दिन उस कहानी के अन्तराल का एक-एक क्षण अपनी कड़ी से टूटकर बिखर गया। मैंने आँखें फैलाकर देखा तो दीखा, हर क्षण अलग से फैल रहा है और पूरी एक कहानी का आभास दे रहा है। यह सच है कि मैंने उन अलग-अलग क्षणों को लिखने की प्रक्रिया में अलग-अलग जिया है...आखिर मैं थक गई। लिखे हुए पन्नों को एक जगह इकट्ठा किया और यह बात मेरे लिए सुखद आश्चर्य का विषय है कि पूरी पुस्तक में एक अन्तर्धारा बहती हुई दीखती है और एकसूत्रता भी आसानी से पकड़ में आती है।

इस उपन्यास में परिच्छेद नहीं हैं। मैं जानती हूँ, जीवन की इतनी प्रवहमान धारा को टुकड़ों में नहीं काटा जा सकता। अन्दर के दबाव के कारण ही शायद यह हो सका है कि क्षणों में जी और लिखी गई इस कहानी के टुकड़ों का क्रम भी बाद में तय हुआ। दरअसल, बहती नदी से किसी किनारे खड़े होकर पानी पियो—क्या फर्क पड़ता है! क्रम-निर्धारण का पूर्वग्रह तो कहानी गढ़ने में होता है; जो कहानी है, वह तो...कोई कहीं से भी साथ हो ले...

—मृदुला गर्ग

मेरे हमसफर,

किसी ने पूछा था—यह सड़क कहाँ जाती है?

जवाब मिला था—कहीं नहीं जाती। यहीं पड़ी रहती है।

सचमुच सड़क कहीं नहीं जाती। भाग्यशाली है या उदासीन। पसरी रहती है एक जगह। निर्वाक। निःस्पन्द। बाँहें फैलाए। चाहे जो भटक आए आगोश में। उसे परवाह नहीं।

यात्री भी तो कम उदासीन नहीं होते। सड़क की बाँहों में पनाह लेंगे, उसी की छाती रौंदेंगे और उसकी तरफ नजर उठाकर देखेंगे तक नहीं, अपने-अपने सफर में डूबे चलते चले जाएँगे। उन्हें क्या हमसफर कहना ठीक है?

सड़क का क्या? वह तो सफर पर निकलती नहीं। उसकी न कोई शुरुआत है, न अन्त है। न वह कहीं से चली है, न उसे कहीं जाना है।

उसे हमसफर की क्या जरूरत?

मैं सड़क ही तो हूँ। अन्त से उदासीन।

पर शुरुआत? मुझे हर शुरुआत याद है। मैं तुम्हें बतलाना चाहती हूँ, मेरा सफर कब कैसे शुरू हुआ।

मुझे हमसफर की जरूरत है। पर मेरा कोई मुकाम नहीं है। तुम मेरे साथ सफर के आखिर तक नहीं चल सकते।

बस, जब तक मेरी कहानी खत्म न हो जाए, मेरे साथ चलते रहना। सफर खत्म होने से पहले कहानी खत्म करने की कोशिश करूँगी। तुम्हारे सफर की बात कह रही हूँ।

मेरा सफर तो कहानी के साथ है। जब कहानी खत्म होगी, सफर भी खत्म हो जाएगा। पर मैं कुछ वक्त बचा रखूँगी। कहानी खत्म करके तुमसे अलग हो सड़क के दूसरे छोर पर चली जाऊँगी। तुम्हारे सफर को नजर नहीं लगेगी। मैं कुछ दूर चलकर तुम्हारी आँखों से ओझल हो जाऊँगी। अपना सफर अकेले तय करूँगी। तुम्हें खबर न होगी। डरना मत, तुम मेरे सफर के साथी जरूर बनोगे, पर मंजिल के मुन्तजिर नहीं।

एक बात है। कहानी तुम्हें सुना जरूर रही हूँ, पर मेरे दिमाग में सब-कुछ

गड्ड-मड्ड हो चुका है। कब वह था, कब वह नहीं था; कब पहले-पहल मेरी जिन्दगी में आया, मुझे ठीक से याद नहीं। मेरे लिए यह तसव्वुर करना नामुमकिन है कि ऐसा भी कोई वक्त था जब वह नहीं था। तब क्या मैं थी?

इसलिए, बुरा न मानना, मेरी कहानी के हर पहलू में वह रहेगा।

1

"देखो, चाँद के चारों तरफ घेरा है। नीली रोशनी का...देखा?"

"हाँ। गोल दायरे में एकदम नीला प्रकाश। क्यों?"

"कभी-कभी होता है।"

"कब?"

"जब कोई महान् आत्मा जन्म लेती है।"

"महान् आत्मा? यानी कि इस वक्त एक महान् आत्मा जन्म ले रही है? हम लोग साक्षी हैं। जब वह जन्म ले चुकेगी, घेरा मिट जाएगा?"

"हाँ।"

मैं हँस पड़ी।

"अरे हँसती क्यों हो? इसमें अचरज की क्या बात है?"

मैं हँसती रही।

"महान् आत्मा चाँद से उतरेगी?"

"चाँद से क्यों उतरेगी?" उसने कहा, "कोख से जन्मेगी। अचरज क्या है? जिस देश में एक सैकिन्ड में दस बच्चे जन्म लेते हों, एक भी महान् आत्मा नहीं होगी?"

"तब तो रोज चाँद के चारों तरफ घेरा होना चाहिए।"

"तुम रोज चाँद देखती हो?"

"नहीं।"

"फिर तुम क्या जानो?"

"पर घेरा मैंने आज पहली बार देखा है।"

"तो यह कहो न। पहले क्यों नहीं कहा! इसका मतलब हुआ, तुम्हारे बच्चे में एक महान् आत्मा जन्म लेगी।"

"मेरा बच्चा?"

"हाँ, हमारा बच्चा। मेरा और तुम्हारा। देख लेना तुम।"

"कैसे जानते हो?"

"जानता हूँ बस। देखो, जब दो व्यक्ति एक-दूसरे से इस तरह प्यार करते हैं—दुनिया से हटकर—जैसे हम, तो वे एक महान् आत्मा को जन्म देते हैं।"

"अगर हो।"

"अगर हो।"

"और जो न हो?"

मैं भी पागल हूँ। वही तो हैं वे। बच्चा भी। वह भी। चाँद पर। नीली रोशनी के घेरे से झाँककर उसने मुझे देखा है। जब भी चाँद के चारों तरफ घेरा होता है-नीली रोशनी का—वह मुझे याद करता है। एक महान् आत्मा जन्म लेती है। आत्मा तो महान् होती ही है। एक आत्मा जन्म लेती है मेरे अन्दर।

चाँद के चारों तरफ रोज घेरा नहीं होता।

मैं रोज चाँद नहीं देखती। रोज मैं खुले में नहीं जाती। कमरों में बन्द शामें चाँद के बिना गुजर जाती हैं। वह मुझे रोज याद करता भी होगा तो रोज घेरा न बन पाता होगा। इतना आसान नहीं है न।

आठ साल बीत गए। हमारा बच्चा अब चौथी कक्षा में पढ़ता। अगर होता।

चाँद के घेरे के नीचे उसने मेरी कोख में प्रवेश किया था। किया होता...अगर करता।

क्या सिर्फ आठ साल ही बीते हैं, या नौ या दस...या अनगिनत?

जब चाँद के चारों तरफ नीला घेरा होता है तो बस नीला घेरा होता है, और कुछ नहीं। मैं घेरे के अन्दर होती हूँ, मेरे अन्दर एक आत्मा जन्म लेती है।

मैंने अपने पर्स में से छोटा-सा आईना निकाला और चाँद के अक्स को उसमें कैद कर लिया। अब नीला घेरा मेरे बहुत करीब था। इतने करीब कि हाथ बढ़ाकर मैं उसे छू सकती थी।

मैंने हाथ नहीं बढ़ाया। आजकल मैं काफी होशियार हो गई हूँ, सच्चाई पर पड़ी ख्वाब की झीनी चादर खींचा नहीं करती। हाथ बढ़ाऊँ और वह आईने से टकरा जाए...ख्वाब टूट न जाएगा?

छूने की जरूरत क्या है! छू सकने का अहसास क्या कम है?

शीशे में उतरा नीली रोशनी का घेरा। कितने करीब है मेरे! मैं मुग्ध हो उसे देख रही हूँ।

"...आओ, हम नाचें।"

"क्यों?"

"क्यों क्या? तुम खुश हो न?"

"बहुत।"

"तो बस! खुश होकर नाचने को मन करता है न?"

"हाँ।"

"हम लोग नाचते क्यों नहीं?"

"पता नहीं।"

"नहीं-नहीं, पता नहीं कहने से काम नहीं चलेगा। पता करो। हम खुश हैं। हमारा बदन थिरक रहा है। रोएँ गा रहे हैं। हाथ-पाँव फड़क रहे हैं। फिर भी हम नाच क्यों नहीं रहे? हम नाचते क्यों नहीं?"

"क्योंकि...कोई...नहीं...नाचता।" मैंने सोच-सोचकर कहा।

"बिलकुल सही। यही बात है। हम नहीं नाचते, क्योंकि कोई नहीं नाचता। हम डरते हैं...कोई नहीं नाच रहा तो हम कैसे नाचें? लोग क्या कहेंगे? लोग! अच्छा, सच-सच बताओ, लोगों का खयाल आने पर तुम्हारे मन में पहली बात क्या आती है?"

"भाड़ में पड़ो।" मैंने कहा और हँस दी।

"न-न, हँसो मत! लोगों से कहो...कहो जो कहना हो—हम तो नाचेंगे। तुम्हें नहीं नाचना तो भाड़ में पड़ो।...आओ, हम नाचें।"

और हम नाचने लगे। एक-दूसरे की बाँहों में। झूम-झूमकर। चाँद के नीले घेरे के नीचे। दूर बज रहे अमूर्त संगीत की ताल पर।

संगीत की ताल टूट गई। हम नाचते रहे।

संगीत थम गया। हम नाचते रहे। मदहोश, बेखबर। तब तक जब तक थककर चूर-चूर न हो गए। एक-दूसरे को बाँहों में थामे बदहवास घास पर गिर न पड़े। चाँद के घेरे के नीचे।

मैंने आईने को कसकर थामा। चाँद का अक्स चाहे हिले-डुले, पर बना रहे।

और धीरे-धीरे, दूर बज रहे संगीत की धुन पर मैं नाचने लगी।

"अरे मिसेज गोयल, क्या हुआ?" एक आवाज आई।

"काफी पी गईं लगती हैं।" एक कहकहा उभरा।

"अकेले नहीं, मिसेज गोयल, अन्दर तशरीफ लाइए। सबको इन्तजार है।"

"हम यहाँ पार्टनर ढूँढ़ रहे हैं। आप वहाँ अकेली...।"

"अरे आप ही लोगों के लिए तो डांसिंग का इन्तजाम किया है।"

"कमरे में आइए। मन्द-मन्द रोशनी। संगीत। साथी। सब हैं।"

"और शराब। आज पी खूब है भाई लोगों ने।"

"और बहनों ने। आजकल बहनें भाइयों से भी ज्यादा पीने लगी हैं।"

"खूब-खूब। आइए-आइए। अन्दर आइए।"

आवाजों पर आवाजें...तो यहाँ हूँ मैं। पार्टी में...मिस्टर एंड मिसेज सक्सेना कॉरडियली इन्वाइट यू टू कॉक्टेल्स एंड डिनर।

हाँ, कल ही तो स्वीकृति भेजी थी। महेश ने। अपनी और मेरी तरफ से...मिस्टर एंड मिसेज विल बी वैरी ग्लैड टू कम...जरूर आएँगे हम। खुशी से।

...पर जब आदमी खुश होता है तो नाचता है—चाँद के घेरे के नीचे। खुले में। आत्मविभोर होकर। एक आत्मा जन्म लेती है उसके भीतर।

...आवाजों के घेरे में कैद मैं कमरे में चली आई हूँ।

महेश झपटकर आगे आ गया है।

"क्या हो गया था?" उसने पूछा है। प्यार से, आशंका से—"तबीयत तो ठीक है न? बाहर क्यों चली गई थीं?"

"चाँद के चारों तरफ नीली रोशनी का घेरा है।" मैंने कहा है।

"तो?"

महेश पास आ गया।

"तो?" मेरा हाथ अपने हाथ में लेकर उसने पूछा है, "तो क्या हुआ?"

पास खड़े दो-चार लोग ठठाकर हँस पड़े हैं।

महेश का हाथ आईने से छू गया है।

तड़पकर मैंने हाथ खींचा और आईना वापस पर्स में डाल दिया।

अब मैं एक सार्वजनिक प्राणी हूँ।

...अब सब ठीक है...या सब गलत।

"तबीयत तो ठीक है न?" महेश ने फिर पूछा।

"हाँ।" मैंने कहा।

"तब आओ, हम नाचें।"

"नहीं!"

चीख-सा एक 'नहीं।' कमरे में बिलकुल बेमौजूं।

ये इतने सारे लोग नाच रहे हैं यहाँ। कमरे में। पीली रोशनी के नीचे। संगीत की धुन से बिंधे। ये नाच रहे हैं क्योंकि सब नाच रहे हैं। ये कॉकटेल पार्टी की सफलता के प्रतीक हैं। मिस्टर-मिसेज सक्सेना के सौजन्य से नाच रहे हैं ये। नाच रहे हैं इसलिए जाहिर है, खुश भी होंगे। होना चाहिए। यह एक सार्वजनिक खुशी है।

ये पार्टनर बदल-बदलकर नाच रहे हैं। यही कायदा है इनके समाज का। ये लोग सामाजिक गलतियाँ नहीं करते।

अगर ये नाचना बन्द कर दें—ये...ये...और ये...तो कोई नहीं नाचेगा। अकेला कोई नहीं नाचेगा।

अगर किसी क्षण संगीत की लय टूट जाए—टूटकर थम जाए; मान लीजिए रिकॉर्ड अटक जाए तो ये फौरन नाचना बन्द कर देंगे। ये बाहरी संगीत की डोर से बँधे हुजूम में नाच सकते हैं; भीतरी संगीत पर अकेले कभी नहीं।

यह एक सार्वजनिक स्थान है। मिस्टर-मिसेज सक्सेना की कॉकटेल पार्टी। ये सब सामाजिक जन हैं। मिस्टर-मिसेज वगैरह-वगैरह। ये एक साथ नाचते हैं, एक साथ रुकते हैं और पार्टनर बदलकर फिर एक साथ नाचने लगते हैं।

चाँद का नीला घेरा यहाँ बेमानी है।

इतनी छातियाँ एक साथ धड़क रही हैं, पर अलग से दिल एक भी नहीं। मरीज की नब्ज-सी हल्की पीली रोशनी ही मौजूं है यहाँ।

मैं चुपचाप कोने में खड़ी देख रही हूँ।

मैं कमरे में हूँ, फिर भी इनके संगीत और रोशनी के घेरे से मुक्त।

अच्छा ही है, इनमें से कोई नहीं जानता कि मैंने चाँद के नीले घेरे को शीशे में उतार लिया है और शीशा मेरे पर्स में महफूज है। मैं कहीं भी रहूँ, वह मेरे साथ होगा।

2

"क्या बेकार के चित्र हैं!" मैंने कहा।

"बेकार! इन्हें बेकार कहती हो? बेहतरीन फोटो हैं।" उसने प्रतिवाद किया। फौरन।

"बेकार हैं! बिलकुल बेकार! मैं पूछती हूँ, हर वक्त गले में कैमरा लटकाकर घूमने की जरूरत क्या है?"

"तुम्हारा फोटो लेना अच्छा लगता है।"

"क्यों? मैं खुद जो हूँ यहाँ। फोटो की जरूरत?"

"फोटो में तुम स्थिर रहती हो। लड़ती-झगड़ती-बहस करती नहीं। अच्छा लगता है।"

"झूठ है। एकदम झूठ! तुम इतना झूठ क्यों बोलते हो?"

"क्या मतलब?"

"मतलब यह है कि तुम झूठ बोलते हो। यू लाई। अब समझ गए? हिन्दी-अंग्रेजी कुछ तो समझते होगे?"

"समझता हूँ। दोनों समझता हूँ। मैं पूछ रहा हूँ। यह झूठ क्यों है?"

"क्योंकि तुमने वह नहीं कहा जो सचमुच कहना चाहते थे। तुम कहना चाहते थे—फोटो इसलिए खींचता हूँ कि जब तुम नहीं रहोगी तो ये रहेंगे।"

"नॉनसेन्स!"

"फिर झूठ! तुम हमेशा मेरे न रहने के बारे में सोचते रहते हो, इसीलिए फोटो खींचते हो। देखो...झूठ बोलो तो कायदे से वरना सच से काम चलाओ। बोलते-झगड़ते-बहस करते तो खींचते हो फोटो और कहते हो...।"

"तुम स्थिर रहती हो। बेशक रहती हो। यह मेरे सोचने की बात है।"

"तुम्हारा सोचना गलत है। तम जानते हो...नहीं, जरूर तुम चाहते हो, एक दिन हम साथ न रहें, इसीलिए फोटो खींचते हो।"

"मैं चाहता हूँ?"

“हाँ, जरूर। मन-ही-मन।”

“तुम पागल हो।”

“अच्छा चलो, चाहते नहीं, जानते तो हो न।”

“जानता हूँ, क्योंकि तुम...तुम हमेशा अपनी मौत की बात करती हो। मौत की चाह, मौत का साया हर वक्त तुम्हारे सिर पर मँडराता रहता है।”

“तो?”

“तो...तो तुम्हारा सिर!”

“तुम विश्वास करते हो, मैं जल्द मर जाऊँगी।”

“मैं विश्वास नहीं करता। तुम विश्वास दिलाती हो।”

“और जब मैं मर जाऊँगी, तुम्हारा काम मेरे चित्रों से चल जाएगा।”

“तुम पागल हो, एकदम पागल। एक ठहरा हुआ पल अनंत समय का स्थान ले सकता है कभी?”

“फिर क्या करोगे इन बेकार चित्रों का?”

“करूँगा क्या? रखूँगा।”

“ये ढेर सारे चित्र रखोगे? किसलिए? दीमकों को चटाने के लिए? मेरे मरने के बाद ये बेकार चित्र...।”

“फिर वही! सुना नहीं तुमने, ये चित्र बेकार नहीं हैं।”

“हैं। बेकार। बिलकुल बेकार!”

“इतना जोर देकर कहना क्यों जरूरी है? जानती हो यह झूठ है, इसलिए न?”

“नहीं। सच है, इसलिए। सच को जोर देकर कहना पड़ता है। सच पर विश्वास मुश्किल से होता है। झूठ का क्या है? उस पर तो हर कोई भरोसा कर लेता है।”

“मैं सिर्फ एक बात जानता हूँ। ये चित्र बेकार नहीं हैं।”

“हैं। बिलकुल बेकार हैं।”

“सच?”

“बिलकुल।”

“ठीक है। फाड़ डालो।”

“चुनौती दे रहे हो!”

“बस! बगलें झाँकने लगीं?”

खच!

मैंने सबसे ऊपर वाला चित्र उठाया और खच से बीच से चीर दिया।

मेरा चेहरा दो टुकड़ों में बँट गया। अलग-अलग आँख से मुझे घूरने लगा। और...पहले से कहीं ज्यादा अपना लगने लगा।

दो टुकड़ों में बँटा मेरा चित्र। दो टुकड़ों में बँटी मैं। हर क्षण जुड़ने की प्रतीक्षा में...आशंकित। जुड़कर एक होना और चूर-चूर होकर पिघल जाना एक ही बात है। मैं जुड़ना चाहती हूँ। मैं जुड़ना नहीं चाहती। बँटे रहने में एक सुख है। कम-अज-कम मैं हूँ। जैसी भी हूँ। टुकड़ा-टुकड़ा हूँ तो सही। जुड़ते ही मिट जाऊँगी।

बँटा चित्र मुझे घूरता रहा। मेरी बेबसी को साकार करता रहा।

मैंने उसे उठाया-दुबारा चीरने के लिए।

खच! एक चीरा लगा था कि नजर उस पर पड़ी। उसका चेहरा भी चिर गया था। एक लकीर-दर्द की—माथे से ठोड़ी तक उभर आई थी। चेहरा टुकड़े-टुकड़े हो गया था—दरार आए आईने की मानिंद।

खच से मैंने चित्र को चीरा और उसके आगे डाल दिया।

...शायद वह हाथ बढ़ाकर मुझे अपने पास खींच ले...शायद वह एक झपेट में बाकी के तमाम चित्र समेट ले...शायद वह जोर से चीखकर मुझे मेरे वहशी कारनामे से रोक दे...शायद वह मेरा बँटा चेहरा अपने टुकड़े-टुकड़े चेहरे से सटा ले...शायद मेरे चेहरे का एक बँटा हिस्सा उसके चेहरे के चिरे हिस्से से जुड़कर उसका दुख बाँट ले...शायद...

उसने कुछ नहीं किया। न हाथ बढ़ाया, न होंठ हिलाए।

खच! मैंने दूसरा चित्र फाड़ दिया।

खच! तीसरा चौथा...पाँचवाँ...

उसका चेहरा चिरता गया। दर्द की लकीरें उभरती गईं। वह चुपचाप बैठा रहा और मेरे अन्दर एक वहशी सन्तोष पनपता गया।

खच! दसवाँ...ग्यारहवाँ...बारहवाँ...

वह चुप बना रहा। मैं चित्र फाड़ती रही। फाड़कर टुकड़े उसके आगे डालती रही। मेरा आड़ा-तिरछा कटा चेहरा उसे घूरता रहा। उसकी आँखें नम हो गईं, पर उसने मुझे रोका नहीं।

खच! पच्चीसवाँ...छब्बीसवाँ...तीसवाँ...चालीसवाँ...

फटे चित्रों का ढेर लग गया। चिता की लकड़ियों की तरह। आड़ी-तिरछी। छोटी-बड़ी। एक के ऊपर एक।

मैं बाँहें फैलाकर झपटी और उससे लिपट गई। छाती से सटाकर उसे इतनी जोर से भींचा कि उसकी रुकी साँस सीटी-सी बज उठी।

मैं बेकाबू हो रो दी।

"क्यों फाड़ने दिए चित्र तुमने मुझे? क्यों? क्यों?" मैंने कहा। बार-बार।

वह कुछ नहीं बोला। टप से दो बूँद पानी मेरे सिर पर टपक गया।

हैरान, अवाक् मैं एकटक उसे देखती रही।

उसकी आँखों से आँसू बेरोक बहते रहे।

मेरा रोना थम गया।

मैं देखती रही। मूक। निर्वाक। चकित।

तो यह रो भी सकता है!

मैं देखती रही...देखती रही...देखती रही...

आखिर, दर्द की असंख्य लकीरों से खुदे, भीगे चेहरे को बिना सँभाले, वह मुस्करा दिया। धीरे से।

"सबसे अच्छी बात यह है," मैंने कहा, "तुम्हें दुख देकर भी अच्छा लगता है।"

"नहीं," उसने कहा, "वह नहीं है। सबसे अच्छी बात यह है कि तुम दुख दे सकती हो। पिछले बत्तीस बरस में कोई मुझे दुख नहीं दे सका। तुम दे सकी हो। बखूबी। बेपनाह।"

इतना कि तुम रो दो। रोते-रोते मुस्करा दो।

तुम क्यों रोए, मैंने सोचा, उससे पूछूँ, तुम क्यों रोए? कुछेक...तीस-चालीस चित्रों के लिए, मैंने सोचा। इतना दुख-फटे टुकड़ों के लिए? मेरे चेहरे के लिए? मेहनत से सँजोए कुछ क्षणों के लिए? मैंने सोचा पूछूँ। नहीं, मैंने सोचा, कुछ और है। कुछ और...जरूर कुछ और!

मैंने पूछा नहीं। उसने जवाब दे दिया।

"आज तुम्हारी मौत मैंने अपनी आँखों से देख ली।" उसने कहा, बहुत धीरे से। गहरे विषाद के साथ।

3

आजकल दर्पण देखती हूँ, तो अचरज में पड़ जाती हूँ।

यह क्या वाकई मैं हूँ?

रोशनी के नीचे जाकर दुबारा चेहरा परखती हूँ। एक किरण प्रकाश क्या मिल जाता है, आँखें यूँ चमक उठती हैं जैसे प्रकाश ऊपर से न पड़कर आँखों से फूटकर निकल रहा हो।

मैं अपने को समझाती हूँ। कुछ नहीं है। नाटक में अभिनय कर रही हूँ न—फ्रांसीसी काउंटेस का। सुन जो रखा है, फ्रांसीसी औरतें बड़ी रंगीन होती हैं। बस, उसी रंगीनी का मुझ पर असर हो गया है। पागल भी तो कम नहीं हूँ। जब अभिनय करती हूँ तो चरित्र को आत्मसात् करके। जैसे मैं, मैं नहीं, वही हूँ, जिसके बारे में नाटक लिखा गया है।

सुना है, इस पागलपन को 'मैथड एक्टिंग' कहते हैं। अपने को तो पता नहीं। किसी स्कूल में जाकर अभिनय की शिक्षा ली नहीं। अरे, हम तो मंच के बगैर अभिनय करते हैं, मंच से भला क्या डरेंगे!

अपना तो यह हाल था कि जब कोई किताब पढ़ने बैठे तो ऐसे आत्म-विभोर होकर कि कुछेक पन्नों के बाद, पात्रों के संवाद उन्हीं की जुबानी बोलने लगे। ऐसे पागल को किस्मत से मंच मिल जाए तो कहना क्या?

आजकल मगर, एक दूसरा डर सताने लगा है। मंच से अलग होकर अभिनय कर ही नहीं पाती। पहले कभी ऐसा नहीं हुआ। अब तो बात मुँह से यूँ निकल जाती है जैसे दिमाग में कभी आई ही न हो। सीधे मुँह में पैदा होकर जुबान की राह बाहर फिसल गई हो।

तभी न आईने में अपनी सूरत पहचाननी मुश्किल हो गई है।

अब उसी दिन को लो। अच्छा-खासा झमेला खड़ा हो गया था।

उस दिन अपने क्लब में नाटक की रिहर्सल शाम के बजाय सुबह रखी गई थी। दस बजे। दिसम्बर की सुबह। धूप से लबरेज।

उस दिन जरूर रविवार रहा होगा वरना रिहर्सल सुबह न रखी गई होती।

मुझे पूरा यकीन है...उस दिन से हो गया है...इतवार के दिन सूरज ज्यादा शोखी से चमकता है। काम पर जाते, रोजनामचे की ऊब से ऊँघे पर डर के मारे तेज कदम चलाते लोगों पर चमक कर उसे लगता होगा, चींटियों के मशीनी दल पर चमक रहा है। मजा किरकिरा हो जाता होगा।

निकलता तो हर दिन है बेचारा। नियति है उसकी। पर बेमन से। रविवार को जरा तबीयत से चमकता है। धूप चटक-चटककर झरती है।

लगता है, सूरज को भी आलसियों से हमदर्दी है। किस फक्कड़ को आसमान पर टाँग दिया! घरेलू पोशाकों में अधसोए-अलसाए बन्दों पर इतवार को धूप क्या दानिशमन्दी से गिरती है? कंजूस की मुट्ठी खुलती है तो ऐसे ही ललककर। कभी-कभी की बात हुई।

मैं दस बज से पहले ही रिहर्सल के लिए हॉल में पहुँच गई। इस नाटक के रिहर्सल में शामिल होना मेरे लिए काम नहीं है। आराम, सुकून और घुमक्कड़ी का हिस्सा है।

क्या ऐसा उसकी वजह से है?

मैं वहाँ पहुँची तो देखा, काफी लोग मुझसे पहले आए हुए हैं।

सब-के-सब हॉल के दरवाजे के बाहर खड़े धूप सेंक रहे हैं...या किसी का इन्तजार कर रहे हैं। इन्तजार सबका अपना...अलग-अलग। उसे किसका इन्तजार है? हो सकता है, पहले सब दरवाजे पर खड़े धूप का इन्तजार कर रहे हों। निकल आई तो आगे बढ़ आए, पर इन्तजार बना रहा...धूप के टिके रहने का...या किसी और का?

वह किसका इन्तजार कर रहा है?

मैं दो कदम आगे बढ़ी और ठीक उनके सामने आ गई। सबसे पहले मुझे वह दीखा—औरों से अलग। जैसे सायों से घिरा निपट अकेला इन्सान हो।

आज पहली बार मैंने उसे धूप में देखा। रोज देखती आई हूँ शाम के झुटपुटे में, या रात के घिरते अँधेरे में। रिहर्सल शाम छह से रात नौ-दस बजे तक चला करती है।

मैंने देखा, उसके चेहरे का रंग मोतिया नहीं, सुनहला है। यूरोपियन लोग शायद उसे टैन कहते हैं। उसकी आँखें भूरी नहीं हरी हैं। अँगूरी। नहीं, पूरी तरह हरी वे नहीं हैं। शायद हैं तो भूरी ही, बस बार-बार जमीन फोड़कर हरे रंग की लपट कौंध जाती है।

तुमने आग की लपट देखी है न...मोमबत्ती की लौ? दूर से वह लाल-लाल दिखती है, पर नीचे एक नीली लौ रह-रहकर दमक उठती है। उसकी आँखों के

भूरेपन को ठेलकर वैसे ही हरी रोशनी चकमक कर रही है। अँगूरी चिराग...अँगूरी चिराग! बार-बार मन में बजने लगा। ऐसी कोई चीज होती है क्या?

उसके घने लहरदार बालों को भी तो मैं हमेशा हल्के प्याजी रंग के समझती आई हूँ, वे भी सुनहले हैं। निखरे-दमके सुनहले। घनी दुपहरी में चमकते समुद्र-तट के रेतीले कगार की तरह।

मैं एकटक उसे देखती रही। धीरे-धीरे उसके चारों तरफ से धूमिल साए भी मिट गए। मुझे लगा, ठाठें मारते समुद्र के बीच निर्जन रेतीले टापू पर वह अकेला खड़ा है।

"अरे," मैंने साँस खींचकर कहा, "धूप में तुम कितने अच्छे लगते हो। अब तक हमेशा तुम्हें रात को देखा है।"

उसने चौंककर मुझे देखा और देखता ही रहा।

हमारे पास से हवा सीटी की तरह बजकर निकल गई। अचरज से काँपकर अनेक गलों से एक साथ साँस बाहर उड़ी थी। इर्द-गिर्द खड़े साए सर्द बुतों में तब्दील हो गए थे। सीटी के बाद गहरी चुप्पी छा गई। मैंने देखा, बहुत सारी आँखें मुझे घूर रही हैं। मैं समझ गई, मैंने कितना गलत वाक्य बोल दिया है।

...तुम तो जानते हो, इसमें मेरी कोई गलती नहीं थी। सोचकर तो मैंने बोला नहीं। बस, बात जुबान पर उभरी और खुद-ब-खुद बाहर फिसल गई—सूरज से झरती धूप की किरण की तरह...

मैं शर्म से लाल हो गई।

वह मुस्कराया। बदन को कमर से झुकाया और कहा, "आपका गुलाम, काउंटेस, आज से पूरी कोशिश करेगा कि रात को भी इतना ही अच्छा लग सके।"

एक सम्मिलित ठहाका गूँजा। चुप साधे, बुत बने साए हँस पड़े। फिजा बदल गई। धूप निखर आई। मैं हँस दी।

उसने मुझे मनु से फ्रांसीसी काउंटेस बना दिया। अब मैं चाहे जो कहूँ या करूँ, मेरे साथी अदाकार अचरज नहीं कर सकेंगे।

हम रिहर्सल के लिए हॉल के भीतर चले आए। दरवाजे पर ही एक आदमकद आईना लगा है। आते-जाते उसमें सूरत देखनी जरूरी हो जाती है। आज देखा तो मैंने बदन को कमर से झुकाकर कहा, "आपका गुलाम, काउंटेस...।"

वह खिलखिलाकर हँस पड़ा। बोला, "बाकी अभिनय मंच पर, काउंटेस।"

पकड़ी जाने पर मैं लाल तक नहीं हुई।

क्या सूझा मुझे आज कि आदमकद आईने के सामने जाते-जाते मैं ठिठकी और झटका देकर अपने लम्बे काले बाल पीठ पर छितरा दिए। बड़ी बेरहमी से भींचकर

लम्बे-घने बालों का ऊँचा जूड़ा बाँधा करती हूँ मैं। आज जाने क्या हुआ कि सहसा उसका बोझ बर्दाश्त बाहर हो गया। जूड़े में खोंसे एक दर्जन पिन एक-एक करके मैंने निकाले और खिड़की के बाहर फेंक दिए। फिर क्या था, गरदन को जरा-सा झटका दिया और लुढ़क-पुड़ककर बालों का टीला पीठ पर धराशायी हो गया।

घूरकर अपनी सूरत मैंने आईने में देखी। नहीं...मैं फ्रांसीसी काउंटेस किसी हालत में नहीं लग रही। तब? जरूर मैं, बस मैं दीख रही हूँगी, पर...पहले कभी क्यों नहीं दीखी यूँ...

"रॉक ऑफ जिबराल्टर फट गया।" पीछे से आवाज आई।

मैं एक चक्कर घूम गई।

"मुझसे कुछ कहा आपने?" सर्द आवाज में मैंने पूछा।

"जी नहीं," उसने कहा, "अपने से। मैं सोच रहा था, रॉक ऑफ जिबराल्टर ज्वालामुखी नहीं है। फटा कैसे?"

"क्या मतलब?"

"आपने जूड़ा बाँधकर अपना चेहरा दर्पण में देखा है?"

"जी हाँ। रोज देखती हूँ।"

"थी।"

"जी!"

"आप भूल कैसे गईं, इस वक्त आपने जूड़ा नहीं बाँधा हुआ!"

मैंने वापस घूमकर अपना अक्स आईने में देखा, कुछ मुग्ध भाव से।

"जूड़े में तुम बिलकुल रॉक ऑफ जिबराल्टर लगती हो।" पीछे से फिर आवाज आई।

"क्या मलबल?" मेरी त्यौरी चढ़ गई।

"नहीं-नहीं, नाराज मत हो। मैं रॉक ऑफ जिबराल्टर की बहुत इज्जत करता हूँ। है जो इज्जत के काबिल। पर...आपको नहीं लगता...वह 'शेप' औरत के बजाय पत्थर पर ज्यादा फबती है...नहीं?"

मैं उसकी तरफ देखती रही।

"रॉक ऑफ जिबराल्टर ज्वालामुखी नहीं है।" उसने फिर कहा। पर अब उसकी आवाज में वह गर्मजोशी नहीं थी।

मैंने अपनी आँखें झपकाईं तक नहीं। वैसे ही एकटक उसे देखती रही।

"ऐसे मत देखो।" उसने कहा।

"क्यों?" मेरी दृष्टि स्थिर रही।

"कुछ भी हो सकता है।"

"क्या?"

"कुछ भी।"

मैंने आँखें नहीं झुकाईं।

हवा में कैंची चमकी, दाहिनी तरफ के मेरे बाल फर्श पर बिखरे पड़े थे।

हक्का-बक्का खड़ा वह उन्हें देख रहा था। कैंची हमारे बीच चमक रही थी। मेरी नजर उस पर जमी हुई थी। बदन सुन्न पड़ गया था। और पहली बात जो मेरे मुँह से निकली, बिलकुल बेतुकी थी।

"तुम हर वक्त कैंची हाथ में लिए घूमते हो?" मैंने कहा।

"नहीं...वह..तो...वह तो...मैं स्टेज की प्रॉपरटीज ठीक करवा रहा था...।" उसने हकलाकर कहा।

मेरी नजर कैंची से फिसलकर फर्श पर बिखरे बालों पर गई। फिर दाहिने कन्धे तक लटकते बाकी बचे अपने बालों पर। और मेरे सुन्न बदन में गुस्से की गर्मी दौड़ गई।

हाय! बरसों की मेहनत से पाली मेरी भारतीयता!

चील की तरह झपटकर मैंने उसके दोनों कन्धे दबोच लिए और नुकीली आवाज में कहा, "तुमने मेरे बाल काट दिए! हिम्मत कैसे हुई तुम्हारी!"

उसका चेहरा बेचारगी से पुत गया। दोनों हाथ सामने फैलाकर उसने कन्धे झटक दिए और हिचकते हुए कहा, "पता नहीं कैसे...हो गया...तुम मेरी तरफ देख रही थीं...।"

"तो?"

"तुम देखती ही चली जा रही थीं..."

उसने फिर लाचारी से हाथ फैला दिए।

कैंची हवा में चमक गई।

"अब क्या होगा?" मेरी आवाज भारी होकर टूट गई।

"अब तो कोई चारा नहीं है सिवाय इसके...मैं दूसरी तरफ से बाल भी काट दूँ?" उसने बेहद मासूमियत और मुलायमियत से पूछा।

मैं जोर से रो पड़ी।

"हिम्मत कैसे हुई तुम्हारी!" रोते-रोते मैं चिल्लाई।

उसने एकदम मुझे छाती से लगा लिया। मेरा सिर चूमकर बोला, "रोओ मत, प्यारी बच्ची, रोओ मत। मैं तुम्हें कलकत्ते के सबसे बेहतरीन हेयर-ड्रेसर के पास ले जाऊँगा। तुम कितनी खूबसूरत लगोगी...पहले से भी ज्यादा...परियों की राजकुमारी की तरह...।"

"और न लगी तो?" मैंने सुबककर कहा।

"तो तुम मेरा सिर कटवा देना।" उसने संजीदगी से कहा।

मेरा रोना थम गया।

"सच," उसने कहा, "अपना सिर मैं खुद काट दूँगा—अहद करता हूँ...बस, तुम अब और रोना मत, प्लीज!"

मैं हँस दी।

"तय कौन करेगा मैं सुन्दर लगी या नहीं?" मैंने पूछा।

"मैं।" उसने कहा।

"तुम..." मैंने शुरू किया ही था कि वह बोल पड़ा, "नहीं-नहीं, तुम्हें मुझ पर भरोसा नहीं है तो कोई और। कोई भी...पर दुबारा रोना नहीं।"

मैंने बाईं तरफ के अपने बाल उसके आगे फैला दिए।

अब तो और मुसीबत हो गई। कटे बालों से दर्पण देखती हूँ तो बिलकुल भूल जाती हूँ, ऐसा भी होता है। जो मन में हो, उसे छिपाना भी पड़ता है। बेरहमी से। और जो न हो, उसे कहने का बोझ तो बराबर ढोना पड़ता है, जिन्दगी में। अब मैं क्या करूँ, तुम्हीं बतलाओ, जब याद ही नहीं रहता...एकदम?

4

नाटक की रिहर्सल चल रही थी।

"अपना पार्ट पढ़ो।" किसी ने कहा था।

"अगर तुमने मेरा प्यार ठुकरा दिया तो अफ्रीका जाकर गैंडे मारने के सिवाय मेरे पास कोई चारा नहीं रहेगा।" एक अदाकार ने पढ़ा था।

सुनकर मैं जोर से हँस पड़ी थी।

"अंग्रेज से ज्यादा बेहूदा कौम पूरी दुनिया में ढूँढ़े नहीं मिलेगी।" मैंने कहा था।

"मेरी तरफ मत देखो," वह सहसा बोल पड़ा था, "मैं स्कॉट हूँ।"

"वह अंग्रेज नहीं होते ?" मैंने उसके गोरे चेहरे को देखकर अचरज से पूछा था।

"तुमने स्कॉटलैंड का इतिहास नहीं पढ़ा ?"

"कुछ पढ़ा हो...शायद।"

मुझे सहसा याद आ गया।

"एक 'मेरी क्वीन ऑफ स्कॉट्स' थी।" मैंने कहा।

"हाँ।" उसने उत्साह के साथ कहा, "और महारानी एलिजाबेथ ने उसका सिर कटवा दिया था। महारानी एलिजाबेथ अंग्रेज थी, जानती हो न ?"

"हाँ"

"बस फिर।" उसने अन्तिम निर्णय के स्वर में कहा।

बस इसलिए स्कॉट अंग्रेज नहीं होते। बात एकदम यकीन करने लायक नहीं थी। मुझे याद आ रहा था कि इंग्लैंड का कोई एक बादशाह चार्ल्स फर्स्ट था, जिसका सिर खुद अंग्रेजी पार्लियामेंट ने कटवा दिया था। तो क्या चार्ल्स फर्स्ट भी अंग्रेज नहीं हुआ ? और हाँ, काफी सिर कट चुकने के बावजूद, कोई एक जेम्स फर्स्ट था जो इंग्लैंड, स्कॉटलैंड दोनों का एक साथ बादशाह बना था।

पर मैंने बहस न की। उसकी तरफ देखा और यकीन कर लिया। एक बार उसकी चमकती हरी-भूरी आँखों में देख लेने के बाद मुझे स्कूल में पढ़ा इतिहास

भूल जाना बहुत आसान लगा था।

"तब स्कॉट लोग प्रेम में निराश होने पर गैंडे मारने अफ्रीका नहीं जाते?" मैंने पूछा।

"बिलकुल नहीं।"

"तब क्या करते हैं?"

वह शायद इस प्रश्न के लिए तैयार नहीं था। सोच में पड़ गया।

"तब क्या करते हैं?" मैंने फिर पूछा।

और तभी मुझे 'मेरी क्वीन ऑफ स्कॉट्स' फिल्म का एक दृश्य याद आ गया।

"किल्ट पहनकर बैगपाइप बजाते हैं?" मैंने कहा।

वह ठठाकर हँस पड़ा।

"बजाते हों तो बुरा क्या है?" उसने कहा।

"प्रेम में निराश होने पर...।"

"नहीं-नहीं, बात बनी नहीं। बैगपाइप तो हर वक्त बजाते हैं।"

"तो प्रेम में निराश होने पर क्या करते हैं?" मैंने फिर पूछा।

"केयर्नगॉर्म पर चढ़कर कूद जाते हैं?" उसने कुछ खीजकर कहा।

"केयर्नगॉर्म...पहाड़ है?"

"जी हाँ।"

"बहुत ऊँचा है?"

"जी हाँ। मरने के लिए काफी है।"

"आप चढ़े हैं उस पर?"

"मैं...मैं आपको जीता-जागता नहीं दीख रहा?" उसने चिढ़कर कहा।

मैं अवाक् उसे देखती रही, फिर हँस पड़ी। हँसते-हँसते कहा, "मैंने कहा चढ़े, कूदे नहीं।"

अब वह भी हँस पड़ा।

कितना खुलकर हँसता है यह आदमी, मैंने सोचा।

"और कूदूँगा भी नहीं," उसने कहा, "इस खयाल में मत रहना।"

"क्या मतलब?"

"इस ख्याल में मत रहना कि मैं तुम्हारे लिए पहाड़ से कूद जाऊँगा। आत्महत्या में मेरा कतई विश्वास नहीं है।"

"मेरे लिए...मैं भला...!"

"हाँ, पर मैं निराश हूँगा क्यों!" उसने कहा।

"क्या मतलब?"

"पार्ट पढ़ो।"

मैंने पार्ट पढ़ दिया था, बिना कापी देखे।

"अरे, तुम्हें तो पूरा पार्ट जुबानी याद है?" उसने आश्चर्य से कहा था।

"मिस्टर हचिसन," मैंने सिर ऊँचा करके कहा था, "मेरी समस्या बात को भूल पाना है, याद रखना नहीं।"

वह हँस पड़ा था।

शायद यह हमारी पहली मुलाकात थी।

बात मैंने मजाक में कही थी। वह हँसा था और मैं भी हँस दी थी।

कई बार मजाक-मजाक में हम अनजाने कितना बड़ा सच बोल जाते हैं!

पर वह मैंने बहुत बाद में सोचा था। सोचते हम हमेशा बाद में हैं। सच के अनुभव के बाद...

"तुम एक बार ग्लासगो जरूर जाना।" उसने कहा।

नहीं, वह तो उसने बहुत बाद में कहा था। तब जब मैं उसे खूब अच्छी तरह जान गई थी और ग्लासगो को भी, उसके मुँह से सुन-सुनकर।

"क्या है वहाँ?"

पर वह मैंने बहुत पहले पूछा था...शायद दूसरी मुलाकात में।

"पहाड़।" वह हँस पड़ा था।

"ऊँचे-ऊँचे?"

"नहीं। हिमालय के पहाड़ों की तरह नहीं।"

"पर मरने के लिए काफी।" मैंने हँसकर कहा था।

"क्यों, तुम मैदान में नहीं मर सकतीं?"

"नहीं, मैं पहाड़ पर मरूँगी।"

"ठीक है," उसने स्वीकृति दे दी थी, "मगर उसके लिए स्कॉटलैंड जाने की जरूरत नहीं है। हिन्दुस्तान में काफी पहाड़ हैं।"

"ठीक है। मुझे जहाँ मरना होगा, मर जाऊँगी। तुम क्यों अपना दिमाग खराब करते हो!"

"यह तुम हर बात पर लड़ती क्यों हो?"

"तो क्या करूँ?"

"प्यार किया करो।"

"जिससे प्यार खत्म होने पर पहाड़ से कूदकर मरा जा सके।"

"तुम हर वक्त मरने की बात क्यों करती हो? मैंने कहा था न, मुझे आत्महत्या में कतई विश्वास नहीं है।"

"पर मुझे तो है।"

वह कुछ देर सोच में पड़ा रहा फिर बोला, "यह भी ठीक है। मेरा विश्वास और

तुम्हारा विश्वास दो अलग चीजें हैं।''

''बिलकुल।''

''तो तुमने तय कर लिया है, तुम पहाड़ से कूदकर मरोगी?''

''बिलकुल नहीं।''

''फिर इतनी देर से बराबर कहे क्यों जा रही हो?''

''नहीं तो। मैं जहर खाकर मरूँगी। पहाड़ पर। हाँ, होना चाहिए तुरन्त असर। पर...मिलेगा कैसे?''

''मैं बतलाता हूँ। कोई कठिनाई नहीं होगी। कैमिस्ट के पास जाकर कहना, मुझे कुत्ता मारने के लिए साइनाइड चाहिए। वह दे देगा। बस तुम...।''

''कुत्ते तुम लोग स्कॉटलैंड में मारते होंगे।'' मैंने बाधा दी।

''अच्छा चलो, चूहे कह देना। चूहे तो मारते हो तुम लोग।''

''हाँ। पर तब तो वह टिक-20 जैसी कोई चीज दे देगा।''

''ठीक है। खा लेना।''

''पर उसका जायका बहुत खराब होता है।''

''कमाल है! खाओगी जहर और जायका भी बढ़िया होना चाहिए।''

''तो तुम्हें क्या!''

''लाओगी कहाँ से?''

''कहीं से भी लाऊँ।''

''नहीं, तुम बस पहाड़ से कूदकर मर जाना। जहर-वहर का इन्तजाम तुम्हारे बस का रोग नहीं।''

''तुम्हें मेरी इतनी फिक्र क्यों हो रही है?''

''बड़ी मुसीबत हो गई!'' कुछ ठहरकर उसने कहा।

''क्या?''

''अब इस प्यार को चलाए रखना होगा।''

''क्यों?'' मैंने त्योरी चढ़ाकर पूछा।

''जिन्दा रहने की शर्त जो हो गई।'' उसने कहा था और मुझे बाँहों में घेर लिया था।

और फिर...

...नहीं, वह तो बहुत बाद में हुआ था...बहुत बाद में...

मैंने कहा था...मेरे मरने की खबर पाते ही वह मुझे एक बहुत बड़ा जामुनी-हरा ऑरकिड का फूल भेजेगा। थाईलैंड से।

''इतना मुश्किल नहीं है,'' मैंने कहा था, ''तुम घुमक्कड़ आदमी हो। थाईलैंड पहुँच सकते हो।''

''हाँ, वह तो ठीक है,'' उसने हामी भरी थी, ''पर क्या तुम कसम खाकर कह

सकती हो, तुम तभी मरोगी जब मैं थाईलैंड में हूँगा?"

"हद हो गई! भले आदमी, मेरे मरने की खबर सुनकर तुम थाईलैंड नहीं जा सकते!"

"एक बात है," उसने सोचकर कहा, "वहाँ जाने से थाई-एयरलाइंस वाले मुफ्त में ऑरकिड देते हैं। पर जाने में बहुत खर्चा लगेगा।"

"तुम...तुम...कंजूस! जरूर तुम दुनिया के सबसे कंजूस आदमी हो!" मैंने गुस्से से कहा।

"नहीं," उसने संजीदगी से उत्तर दिया, "तुम यह इसलिए कह रही हो, क्योंकि तुम और स्कॉट लोगों से नहीं मिलीं।"

"सारे स्कॉट ऐसे ही कंजूस होते हैं?"

"इससे भी ज्यादा।"

"तब तो वह अंग्रेजों से भी ज्यादा बेहूदा कौम है।"

"कम-अज-कम गैंडे तो नहीं मारते।"

"मुझे गैंडों से कोई हमदर्दी नहीं है।"

"एक काम करो।"

"क्या?"

"तुम मरने की बात करना छोड़ दो। मैं वादा करता हूँ, जब भी थाईलैंड जाऊँगा, तुम्हारे लिए दो ऑरकिड लाऊँगा। एक थाई एयरलाइंस वाला—मुफ्त और एक खरीदकर—जामुनी-हरा, महँगे-से-महँगा। जरूर। चाहे मुझे दो दिन भूखा क्यों न रहना पड़े।"

"ठीक है।" मैं मान गई थी।

...ऑरकिड सूख चुके, पर बदरंग नहीं हुए; बल्कि जामुनी-हरा रंग सूखकर और पुख्ता हो गया।

सदाबहार नहीं, सदाशुष्क! समय ठहर गया है...उनके लिए...मेरे लिए।

एक बात और उसने कही थी—अपने मरने की खबर वह नहीं भेजेगा। मुझे खुद-ब-खुद पता चल जाएगा...पर वह बहुत बाद की बात है...

5

नाटक हो चुका। त्योहार की शाम बीत गई। अभी कुछ रात बाकी है। बारह के घंटे तक।

खुशी की मुलाकात है। नाटक के सभी अभिनेता, निर्देशक, सलाहकार और कार्यकर्ता विदाई देने इकट्ठा हुए हैं, एक-दूसरे को। अभिनेता अभी भी नाटक वाली पोशाक में हैं और अजब अल्हड़-अलमस्त नजर आ रहे हैं। छोटा शहर है जमशेदपुर। आज के बाद भी इनमें से कुछ लोग एक-दूसरे से मिलते रहेंगे। हाँ, एक सूत्र में बँधे न होंगे। पता नहीं, इसका इन्हें गम है या नहीं। शायद नहीं है वरना ये यूँ बेरहमी से खा न सकते, पी न सकते, नाच न सकते, बतिया न सकते...या शायद कर सकते तब भी। कर तो मैं भी सब कुछ रही हूँ। यह जानते हुए कि यह आखिरी रात है...आखिरी दिन।

हमारी कोई नाटक मंडली तो है नहीं कि एक नाटक खत्म करते ही दूसरे नाटक की तैयारी शुरू कर दें। यह तो क्लब है जमशेदपुर का। उसी की शाखा है—ड्रेमेटिक क्लब; एमेच्योर। साल में एक बार जोड़-तोड़ करके नाटक करते हैं और सारा साल उसी को लेकर खुश रहते हैं। बातचीत करने को मसाला मिल जाता है, शगल रहता है। पर इस साल...मेरे लिए...क्या शगल है...सिर्फ?

यह शगल अचानक जिन्दगी कैसे बन गया? क्या बस उसी के कारण जिसे उस दिन पहली बार धूप में देखा था?

आज आखिरी रात है। परियों की रानी हर रात नहीं आती। हमेशा के लिए कोई सिंड्रेला शहजादी नहीं बन सकती।

अभी कुछ देर में बारह का घंटा बजेगा...और तिलिस्म टूट जाएगा...क्या मेरे बाल फिर से लम्बे हो जाएँगे?

हम लोग स्विमिंग पूल के किनारे जमा हैं। खा रहे हैं, पी रहे हैं, नाच रहे हैं, बतिया रहे हैं, नाटक के संवाद दुहरा रहे हैं, खिलखिला रहे हैं...बस, मैं चुप हूँ।...तो ऐसा होता है जिन्दगी का आखिरी दिन!

स्विमिंग पूल का पानी ठहरा हुआ है। न कहीं जा रहा है, न कहीं से आ रहा है, फिर भी रात के अँधेरे में वह एक लम्बे ताल का भ्रम पैदा कर रहा है। छोटी-छोटी लहरों का भान हो रहा है।

पर मैं जानती हूँ जो नहीं है, वह नहीं है...कल्पना उसमें कुछ नहीं कर सकती। न इच्छा, न लालसा, न ललक, न छाती फाड़ता रोदन।

पीने का दौर चल रहा है। डटकर पी है आज अदाकारों ने। परीक्षा की घड़ी निकल चुकी। इसी से सब खुश हैं। कुछ नतीजे से भी। कुछ गर्वित हैं, रोमांचित भी। और कुछ महज विमुक्त। जो करना था कर चुके। अच्छा-बुरा जैसा होना था हो चुका। अब चंद घंटे हँसी-खुशी के। फिर वही पुरानी दिनचर्या। एक झटका खाकर वापस उसी रास्ते। सीधे-सपाट।

बस, मेरे लिए परीक्षा की घड़ी बीती नहीं। सिर्फ मेरी ही दिनचर्या वापस लौटने में आनाकानी कर रही है। अड़ियल घोड़े की तरह रास का झटका खाकर अड़ गई है। न आगे जाने का रास्ता है, न पीछे मुड़ने को तैयार।

मैं उसके साथ नाच रही हूँ। नाच क्या रही हूँ, बस उसके साथ हूँ। उसकी बाँहों के घेरे में। मेरे पाँव धरती पर नहीं पड़ रहे। उसकी बाँहों में घिरे-घिरे मैं उड़ रही हूँ।

मैंने तो महज एक पैग जिन का पिया था...इतना गहरा नशा!

उसकी बाँहें कितनी सुडौल और सशक्त हैं। मुझे थामे रहने में उन पर जरा जोर नहीं पड़ रहा है, मैं अपना पूरा भार उस पर छोड़कर, धरती का आसरा नकारे दे रही हूँ।

उसके पाँव एकलय तीव्र गति में थिरक रहे हैं। बैले-डांसर की तरह। संगीत की धुन सुन पा रही हूँ मैं, पर मुझे उस नाच का नाम नहीं मालूम। न ही मुझे नृत्य के 'स्टेप्स' का ज्ञान है। फिर भी मेरे पाँव उसके पाँवों के अदृश्य निर्देश पर अनायास थिरक रहे हैं। उनकी लय-ताल का निर्बाध अनुसरण कर रहे हैं। मेरे पाँव कहाँ हैं वे? वे क्या धरती पर अपनी इच्छा से गिर-उठ रहे हैं? धरती पर तो वह घूम रहा है और मैं उड़ रही हूँ, उसके इशारे पर। कुछ करने लायक रह कहाँ गई हूँ मैं? आज तो मेरी जिन्दगी का आखिरी दिन है न!

मैं उन्नीसवीं शताब्दी की फ्रांसीसी बॉल-ड्रेस पहने उसकी बाँहों में बेसुध नाच रही हूँ, फिर भी इस बात की सुध बराबर मुझे है कि मैं बीसवीं शताब्दी की इस शाम तक जी भले ली हूँ; यह मेरी जिन्दगी की आखिरी शाम है।

मैं ऐसा क्यों सोच रही हूँ? किसी से कहूँगी तो कहेगा, मेरे सिर शराब चढ़ गई है। कभी नहीं मानेगा कि मैंने सिर्फ एक पैग जिन का पिया है। वह भी जबरदस्ती। तब...जब क्लब के सदस्य फ्रांसीसी कॉउंटेस को 'टोस्ट' कर रहे थे। उन लोगों ने

इतनी डटकर पी, कुछ नहीं हुआ और मैं एक पैग पीकर जिन्दगी का सफर तय करके आखिरी मोड़ पर पहुँच गई?

"लोग इतनी शराब कैसे पी लेते हैं?" मैंने उससे पूछा।

"वह अपने बजाय कुछ और होना चाहते हैं।"

"बन जाते हैं कुछ और, शराब पीकर?"

"बनना नहीं, वह होना चाहते हैं।"

"हो सकते हैं शराब पीकर?"

"हाँ, अगर बिना पिए न हों तो।"

"मैं नहीं हूँ...।"

"तुमने पी नहीं...।"

"सिर्फ एक गिलास जिन।"

"यानी तुम नहीं हो...बिना पिए।"

"पी लूँ? फिर हूँगी क्या?"

"होना चाहती हो?"

"हाँ। मैं नहीं चाहती, यह मेरी जिन्दगी का आखिरी दिन हो।"

"नहीं होगा।"

"तो पी लूँ?"

"बिना पिए भी नहीं होगा।"

"तुम कैसे जानते हो?"

"जानता हूँ...सुनो...।"

पर तभी किसी ने पीछे से उसके कन्धे को थपथपाया और उसने अपनी बाँहें मेरे चारों तरफ से हटा लीं। मैं किसी और की बाँहों में नाचने लगी।

वे लोग इसे टैप-डांस कहते हैं।

यह है कौन...जिसके साथ मैं नाच रही हूँ? था तो यह भी नाटक में अभिनेता...पर कौन? कपड़ों से लगता है, नाटक में यह मेरा धूर्त चचेरा भाई बना था। पर नाम क्या है इसका? यह धुँधला-सा चेहरा देखा तो होगा पहले भी।

वह फौरन समझ गया, मुझे नाचना नहीं आता। मेरा क्या क़सूर? ठोस धरती पर मैं नाची कब हूँ? उसके पाँव धरती को बुरी तरह रौंद रहे हैं। उनकी धमक से मुझे न ताल समझ आ रही है, न लय।

यह एकदम से एक जोड़ी पैर मेरे बदन से कैसे आ जुड़े? एक बायाँ पैर और...दूसरा भी बायाँ? क्या करूँ अब मैं इनका? हवा एकदम से बन्द कैसे हो गई? पहले तो मुझे उड़ाए लिये जा रही थी, अब शरीर का स्पर्श तक नहीं कर रही। कितनी घुटन है। मौत की तरह।

''मुझे माफ कीजिएगा,'' मैंने कहा, ''मेरा पाँव मचक गया है।''

''ओह सॉरी,'' उसने शालीनता से कहा, ''चलिए, आपको कुर्सी तक पहुँचा दूँ।''

मेरा साथी वाकई सुसंस्कृत निकला। सहारा देकर मुझे कुर्सी तक ले गया। और...मैं एक कोने में बैठी हूँ।

मेरी आँखें निरन्तर इधर-उधर ताक रही हैं। किसका इन्तजार है इन्हें? क्या हवा के दुबारा चलने का?

छपाक!

कोई पानी में कूदा है।

इस वक्त। अंधेर में!

पूल के किनारे बत्तियाँ जरूर लगी हैं पर फीकी-फीकी और दूर-दूर। अँधेरे को कम नहीं कर रहीं। अँधेरे के अहसास को और गहरा कर रही हैं।

छपाक!

कोई और कूदा पानी में। इस छपाक और पहले वाले में अन्तर है। पहला विस्फोट था। यह संबल है। सामर्थ्यपूर्ण।

चारों तरफ शोर है। न जाने कितने कंठ एक साथ चीख रहे हैं। कौन गिरा पानी में? कौन कूदा? कौन...कौन? क्या हुआ? हुआ क्या? बचाओ! रोको! बचाओ! अनेक कंठ चीख रहे हैं। कितने पाँव दौड़ रहे हैं...कुंड के किनारे तक आते हैं और स्तम्भित जड़ हो जाते हैं। इतनी रात गए, जनवरी की भयानक ठंड में 'पूल' के गहरे पानी में कौन कूदे?

मैं भी वहीं हूँ, सबके बीच, कुंड के किनारे। बस, उन सबसे जरा आगे, पानी पर झुकी हुई।

मैं देख रही हूँ। पानी में वह है। डुबकी लगाकर एक पुलिंदे को उठा कन्धे पर डाल लिया है उसने। अब धीमे-धीमे तैरकर किनारे आ रहा है। पुलिंदा हिल-डुल नहीं रहा, पर साफ दिख रहा है, वह कपड़ों का पुलिंदा नहीं, काली पोशाक में लड़की है। चुपचाप बचाने दे रही है अपने-आपको, जैसे इसी के इन्तजार में रही हो। वह किनारे आ गया है। कुंड के बाहर। लड़की को उसने जमीन पर लिटा दिया। किसी ने उसे एक बड़ा-सा तौलिया पकड़ा दिया है। वह तौलिए में उसे लपेट रहा है। गीले बालों को झाड़ रहा है।

सब लोग भरमाए-से खड़े देख रहे है। यह कुंड के गहरे भाग में गिरी कैसे? इतना अँधेरा तो नहीं है।

मैं मुग्ध-भाव से देख रही हूँ। कितनी फुर्ती दिखाई उसने। जरा और देर हुई होती...मैं सिर्फ उसे देख रही हूँ। उसके कपड़े बिलकुल गीले हैं। मांसल बदन से

चिपके। उस दिन उसे धूप से निखरा देखा था। आज पानी से भीगा देख रही हूँ। क्या रूप है!

"तुम तैरना नहीं जानतीं?" वह लड़की से पूछ रहा है।

"नहीं।"

"फिर तुम 'पूल' में क्यों कूदीं, वह भी 'डीप एंड' पर?"

वह चुप है।

"बोलो न बच्ची, क्यों कूद पड़ीं तुम?"

वह उठकर खड़ी हो गई। तौलिया गिर गया। लम्बी-सादी-काली पोशाक भीगकर बदन से चिपक रही है। कितनी सूखी-पतली देह है। छोटे, सीधे-सपाट, गीले बाल सिर पर सिमटे पड़े हैं। लग रहा है, वह गंजी है। पानी की परतों के नीचे से उसका साँवला-लम्बूतरा चेहरा बेहद दयनीय लग रहा है।

मैं ठीक उसके सामने खड़ी हूँ। फ्रांसीसी काउंटेस की बॉल-ड्रेस में। भारी सिल्क की लकदक हरी पोशाक। घने-घुँघराले बालों की मोहक केश-सज्जा पर सजे जेवर। गले-कान-हाथ में दमकते कीमती आभूषण।

अब मैं कुछ-कुछ पहचान रही हूँ इस लड़की को। नाटक में थी यह भी। शायद नौकरानी का अभिनय किया था इसने। पोशाक तो यही बतला रही है।...वैसे आती होगी यह भी रोज नाटक की रिहर्सल में। देखा भी होगा मैंने इसे कई बार। ठीक से याद नहीं है।

वह अभी भी जमीन पर बैठा है, घुटनों के बल। जहाँ उसे तौलिए में लपेटते हुए बैठा था।

"बोलो न, मेरी बच्ची!" उसने फिर कहा, कोमल स्वर में।

वह जोर से रो दी।

"मैं मरना चाहती थी।"

"क्यों, नन्ही बच्ची, क्यों? ऐसा क्यों करना चाहती थीं तुम?"

कितना मधुर है उसका स्वर, कितना स्नेहिल!

"बतलाओ न मुझे, क्यों 'पूल' में कूद पड़ीं तुम?"

उसका सिर लड़की की छाती तक पहुँच रहा है। उसने हाथ बढ़ाकर उसे कन्धों से थाम लिया है।

"बोलो बच्ची!" उसने फिर कहा है।

मेरी नजर उसी पर जमकर रह गई है।

सहसा वह बोल पड़ी है। बोल क्या, फट पड़ी है। अँगुली उठाकर ठीक मुझ पर निशाना लगाया है और गोली दाग दी है।

"क्योंकि वह मुझसे बुरी तरह बोलती थी।" उसने कहा।

"कौन?" वह पीछे घूम गया है।

"वह...काउंटेस!" वह चीखी है और शान्त हो गई है।

पचास जोड़ी आँखें मेरी तरफ घूम गई हैं। पचास कंठों ने एक साथ साँस अन्दर खींची है।

मैं स्तब्ध-जड़ खड़ी हूँ जैसे सचमुच मैंने अपराध किया हो।

मैं इससे बुरी तरह बोलती थी? पर मैं बोली कब इससे?

वह उठकर मेरे पास आ गया है।

"उस बेचारी से बुरी तरह क्यों बोलीं तुम?"

"मैं?" मेरी जड़ता टूट गई है।

मैं बौखला उठी हूँ।

"मैं भला उससे बुरी तरह क्यों बोलती?" मैंने कहा है।

"अरे, क्या हो गया मिसेज गोयल?" एक आवाज उभरी है, "क्या कह दिया आपने उससे?"

"अब है भी तो बेचारी...।" दूसरी आवाज।

"कह दिया होगा कुछ ऊटपटाँग...।" तीसरी आवाज।

आवाजों में दर्द कम है, व्यंग्य का चटखारा ज्यादा।

तो सबने अपराधी मान लिया मुझे! क्या उसने भी?

"मैं भला क्यों उससे बुरी तरह बोलती?" मैंने फिर कहा।

"क्यों...नहीं?" उसने कहा।

"अरे कुछ-न-कुछ तो हुआ ही होगा।" एक आवाज आई।

"तभी न बेचारी...।" दूसरी आवाज ने समर्थन किया।

मैं और बौखला गई।

"मैं भला उससे बुरी तरह क्यों बोलती...!" मैंने कहा, "जब मैं उसे पसन्द नहीं करती!"

"वही तो...वही तो।" उसने कहा, "क्यों नहीं बोलीं तुम उससे बुरी तरह?"

ठहाका मारकर आसपास के लोग हँस पड़े हैं। क्या हुआ? मेरा अपराध कम हुआ या बढ़ गया?

...वह उसे घर छोड़कर वापस लौट आया है, रोजमर्रा के सूखे कपड़ों में।

एक बार फिर हम नाच रहे हैं। 'पूल' के किनारे।

मेरे भीतर रुलाई घुमड़ रही है।

बारह का घंटा बजने में बस कुछ मिनट बाकी हैं।

वह चुप है। वह चुप क्यों है?

"...तो तुम मुझे पसन्द करती हो।" आखिर उसने चुप्पी तोड़ी है।

"क्यों?" मैंने चौंककर कहा है।

"तुम जरूर मुझे पसन्द करती हो।"

"कैसे मालूम?"

झुककर उसने अपने ओंठ मेरे कान पर रख दिए हैं।

"इतनी बुरी तरह जो बोलती हो," उसने फुसफुसाकर कहा है, "बस, मैं इसी भरोसे जी लूँगा।"

मेरी रुलाई छाती में नीचे गिरकर तेज धड़कन में बदल गई।

"तुम...भी...तो तुम भी...!" मैंने कहा।

"नाटक तो आज खत्म हो गया, पर तुम मुझसे मिलती रहोगी।" उसने कहा।

"सच!" मैंने कहा और पलक मारते जिन का नशा उतर गया। कहाँ, किसने कहा, यह मेरी जिन्दगी का आखिरी दिन है?

"छुट्टियों में कहाँ जा रही हो तुम?" वह पूछ रहा है।

दिल्ली जा सकती हूँ, मैंने सोचा है, दिल्ली में मेरे माँ-पिताजी हैं।

"दिल्ली।" मैंने कहा।

"मुझे दिखला पाओगी दिल्ली? पिछली बार गया था तो कुछ खास देख नहीं पाया। अगर मैं आऊँ, दिखलाओगी मुझे?"

"...पर गरमियों में। मैं गरमियों की छुट्टी में वहाँ जाऊँगी।"

"पाँच महीने बाद?"

"पाँच महीने हैं गरमियों को?"

"हाँ, आज पहली फरवरी है।"

"आज पहली फरवरी है?"

"हाँ।"

"और गरमियों को पूरे पाँच महीने हैं?"

"हाँ। उतने दिन...जब-तब तुम क्लब में आओगी...मैं एक कोने में खड़ा रहूँगा...दूर से तुम्हें आता देखूँगा...मेरी आँखें जबरन तुम्हारी नजरों को अपनी तरफ मोड़ लेंगी। कमरे की भीड़ को चीरकर मैं तुम्हें देखूँगा और तुम भँवें ऊपर उठाकर निःशब्द पूछोगी—क्या है? मैं हल्के से गर्दन हिला दूँगा। तुम्हारे सिवाय कोई नहीं देख पाएगा। कुछ नहीं...मैं गर्दन हिला दूँगा...कुछ नहीं...कुछ नया नहीं...बस, तुम्हें देख रहा हूँ...देख रहा हूँ तुम्हें...तुम भँवे नीची कर लोगी और भीड़ में मिल जाओगी। पर मेरी नजर तुम्हें ढूँढ़े रहेंगी...हर पल। और तुम...बार-बार मेरी तरफ देखने को मजबूर होगी...भँवे उठाकर पूछोगी—क्या है, और मैं...निःशब्द कहूँगा—वही...वही जो पहले था...वही तुम...देख रहा हूँ तुम्हें...।"

"...ऐसा ही होता है न अब भी?"

"हाँ।"

"पाँच महीने में मैं तुम्हें कितना-कितना पढ़ चुका हूँगा! तुम मेरे कितने करीब होगी...!"

"चलो," मैंने कहा, "एक गिलास जिन पिएँ।"

"क्यों?"

"मैं देखना चाहती हूँ, उसका नशा कितना गहरा होता है।"

मैं जानना चाहती हूँ, क्या जिन के पैग मुझे दुबारा यकीन दिला सकते हैं कि यह मेरी जिन्दगी की आखिरी शाम है?

"छोड़ो," उसने कहा, "इतना गहरा नहीं होता।"

मैं जानती हूँ, वह पीता नहीं है।

"आओ, इस धुन पर नाचें।" कुछ ठहरकर उसने कहा है।

"क्या है यह?"

"वॉल्ट्स। ब्ल्यू डैन्यूब।"

"वह तो नदी है।"

"हाँ।"

"कहाँ?"

"जर्मनी में।"

"और मैं हवा हूँ।" मैंने हँसकर कहा है।

सचमुच मैं हवा हूँ। लय-ताल से बेखबर, उसके होने की थाप पर नाच रही हूँ। उसके कदम-से-कदम मिलाकर।

6

"तुम्हें भगवान में विश्वास है?" मैंने उससे पूछा।

"हाँ," उसने कहा, "वरना मैं चर्च का पादरी क्यों बनता!"

"तुम चर्च के पादरी क्यों बने?"

वह देर तक टक लगाकर मुझे देखता रहा।

शुरू-शुरू में मेरे लिए उसकी भूरी-हरी आँखों की स्थिर दृष्टि झेलनी बहुत कठिन होती थी। लगता था, पतली कमजोर डोरी में अटकी पैनी तलवार सिर पर लटक रही है। हल्का-सा झटका लगा नहीं कि डोरी टूट जाएगी और तलवार गर्दन चाक कर देगी। पर तलवार की लपलपाती लौ से दृष्टि हटाना भी असम्भव होता था।

कितना सम्मोहन होता है खतरे में!

अब आदत हो गई या सम्मोहन ने मेरी ताकत बढ़ा दी। अब झेल लेती हूँ। पर इस बात का अहसास बना रहता है कि मेरे दिलोदिमाग की भीतरी परतों से ढूँढ़कर वह हर भाव को पढ़ता चला जा रहा है। चाहकर भी कुछ छिपा नहीं सकती मैं।

हे भगवान, मेरी रक्षा करना।

वैसे मैं नास्तिक हूँ। सभी होते हैं। वे सब जो टक लगी दृष्टि से डर जाया करते हैं। जिनके भीतर कोई अपराध-भावना घर किए रहती है।

"तुम ठीक कहती हो," कुछ देर बाद उसने कहा, "इसका मतलब यह नहीं लगाया जा सकता कि मैं भगवान में विश्वास करता हूँ।"

"नहीं।" मैंने कहा।

"तुमने ब्रेख्त की वह लघुकथा पढ़ी है?" उसने पूछा।

"कौन-सी?"

"वही पुरानी कथा; एक आदमी के पास ग्यारह घोड़े थे, और तीन बेटे। मरते वक्त उसने वसीयत की थी कि उसके बाद पहले बेटे को आधे घोड़े दे दिए जाएँ,

दूसरे को एक चौथाई और तीसरे को बचा हुआ एक छठा हिस्सा। बँटवारे की तैयारी हुई तो मुसीबत। ग्यारह का आधा निकालो तो घोड़ा काटो। काटो तो घोड़ा बेकार। आखिर गाँव के एक परोपकारी आदमी ने उपाय खोज निकाला।

एक घोड़ा उसने अपना मिलाया; अब हुए बारह। पहले बेटे को छह दिए, दूसरे को तीन और तीसरे को दो। कुल मिलाकर हुए ग्यारह। अपना बारहवाँ घोड़ा उसने वापस ले लिया।

ब्रेख्त ने कहा है, यह था परोपकार का आदर्श रूप। सबका भला हो गया और भला करने वाले का बुरा नहीं हुआ। किसी को बलिदान नहीं देना पड़ा। बलिदान देने से आत्मा कुंठित हो जाती है। आदमी अपने ऊपर घमंड करने लगता है। मैं भी ब्रेख्त के परोपकारी गाँव वाले की तरह हूँ।''

''कैसे?''

''मुझे दो शौक हैं। दुनिया-भर में घूमना और लोगों की मदद करना। चर्च के जरिए दोनों काम पूरे हो जाते हैं।''

''कैसे?''

''अब देखो, यह तो मानती हो न, लोगों की मदद करने से बढ़कर खतरनाक काम कोई नहीं है।''

''क्यों भला?''

''मेरा मतलब, भलाई योजनाबद्ध तरीके से न की जाए तो भले के बजाय बुरा होने की पूरी गुंजाइश रहती है।''

''हाँ। वह तो है।''

''दुनिया की किन दो संस्थाओं की व्यवस्था सबसे बढ़िया है—फौज और चर्च की न? फौज में जाना मेरे लिए बेकार था। लोगों को मारने में मुझे कोई दिलचस्पी नहीं है। फिर क्या बचा?''

''चर्च।''

''बस।''

''तुम सारी दुनिया में घूमते हो?''

''हाँ।''

''क्या करते हो?''

''गंदी बस्तियों को सुधारने का काम।''

''सुधर जाती हैं?''

''कुछ। काफी।''

मैं चुप रही। वह फिर टक लगाकर मुझे देखने लगा।

''इतना संदेह किसलिए?'' उसने कहा, ''मैं आदमियों को नहीं सुधारता।''

''फिर?''

''सिर्फ बस्तियों को। बस्ती की व्यवस्था को। हम नए धन्धे शुरू करते हैं। औरतों-मर्दों को व्यवसाय देते हैं, काम दिलवाते हैं। उन्हें पैसे मिलते हैं और बतौर अपनी फीस हम उनसे बस्ती की सफाई करवाते हैं...।''

''इससे आदमी नहीं सुधरता?''

''बिलकुल नहीं। उसके अन्दर वही पहले वाले तीन-चार इन्सान जीते रहते हैं। फरिश्ते और शैतान के घालमेल से बने इन्सान। अलग-अलग। किसी में शैतान की मात्रा ज्यादा, किसी में फरिश्ते की। आपस में वे हर समय लड़ते रहते हैं। जो जब जीत जाता है, उससे काम करवा लेता है।''

''और बस्ती सुधर जाती है?''

''हाँ, एक का शैतान दूसरे को कैंसिल कर देता है।''

''तुम्हारे अन्दर भी है?''

''क्या?''

''शैतान।''

''बहुत सारे। एक पूरा घुमक्कड़ है। कहीं टिककर नहीं रह सकता। जब जिधर पाँव उठे, उठाकर चल देता है। पूरी दुनिया में घूम चुका, पाँच-छह भाषाएँ सीख चुका, पर पैर का चक्कर खत्म नहीं हुआ।''

मैं समझ गई, यह ज्यादा दिन हिन्दुस्तान में नहीं रहेगा। मैं बहुत डर गई। चाहा, नजर उसके चेहरे से हटा लूँ, पर हटा न सकी; बल्कि उसकी आँखों के चुम्बक ने उन्हें खींचकर अपने से सटा लिया। मेरी आँखें डबडबा आईं। फिर भी उसकी आँखों से मिली रहीं।

''एक पूरा पागल है,'' उसने कहा, ''हर समय तुम्हें प्यार करते रहना चाहता है।''

उसने मुझे पास खींच लिया।

सहसा उसके चुम्बन झेलने मेरे लिए उतने ही मुश्किल हो गए, जितनी उसकी दृष्टि।

यह शैतान है, उसके अन्दर का शैतान—मेरा दिमाग कहने लगा। मेरी डबडबाई आँखें झपकीं और आँसू गालों पर लुढ़क आए।

उसने ओंठों से आँसू समेटे और मेरे ओंठों पर रख दिए। कहा, ''गलत समझ बैठीं तुम। इस शैतान से मुझे बहुत लगाव है।''

आँसुओं के नमकीन स्वाद ने मेरी जुबान और तीती कर दी।

''चर्च के पादरियों से मुझे खास नफरत है।'' मैंने कहा।

''अच्छा है। जब हम किसी समूह या नस्ल से नफरत करते हैं और उसी में से एक इन्सान से प्यार तो, तो हिसाब बराबर हो जाता है।''

"तुम लोगों के लिए एक आदमी दूसरे आदमी से कैंसिल हो जाता है।"

"हम लोगों के लिए जो भी होता हो, मेरे लिए पूरा हिसाब हो जाने पर अन्त में इन्सान ही बचता है।"

"होगा," मैंने कहा, "मुझे पादरियों से नफरत है।"

"और अंग्रेजों से भी?"

"हाँ, मैं कभी तुमसे शादी न करती।"

"झूठ है।" उसने कहा।

"नहीं करती, जब तक तुम चर्च न छोड़ देते।"

वह चुप रहा।

"बोलो, मेरे लिए छोड़ देते तुम चर्च?" मैंने जोर देकर कहा।

"नहीं।"

"नहीं? मेरे लिए तुम इतना नहीं कर सकते थे और कहते हो, तुम मुझसे प्रेम...!"

"प्रेम परोपकार नहीं होता।" उसने कहा।

"क्या मतलब?"

"जो प्रेमी बलिदान चाहे, वह प्रेमी नहीं होता।"

"तर्क! सिर्फ तर्क! बचाव का रास्ता!" मैंने कहा।

"बलिदान के बाद प्रेम, प्रेम नहीं रहता, परोपकार बन जाता है। आदर्श नहीं, घमंडी और बनावटी परोपकार। मैं जानता हूँ, तुम मुझसे प्रेम करती हो। बलिदान न तुम माँगतीं, न मैं देता।"

कहकर उसने मेरे ओंठ इतनी शिद्दत से चूमे कि वह खुद-ब-खुद खुल गए और...मैं भूल गई...मैं किस कदर नाराज हूँ।

जब याद आया तो मैं पहले से भी ज्यादा नाराज हो गई।

"तुम्हें सातवाँ कमांडमेंट याद है?" मैंने कहा।

"बखूबी।" उसने कहा।

"फिर?"

"मैं नहीं करता।"

"क्या?"

"आजकल बिलकुल नहीं करता।"

"और यह क्या है?"

"तुम्हारे साथ? वह और बात है। तुम्हारे साथ होना और भगवान के साथ होना एक ही बात है।"

घबराकर मैंने उसके मुँह पर हाथ रख दिया।

''नहीं-नहीं,'' मैंने कहा, ''यह 'ब्लासफैमी' है। मेरे लिए तुम यह...।''

''नहीं,'' उसने मेरा हाथ हटा दिया, ''यह सच है। मैं इसे चर्च के पुल्पिट से कहने को तैयार हूँ।''

मेरा गला फँस गया। आवाज रुँध गई।

''सच?'' मैं फुसफुसाई।

''हाँ,'' उसने कहा, ''भगवान के सामने या बस तुम्हारे सामने...मैं...बिलकुल नंगा खड़ा हूँ...बिला शर्म।''

7

आजकल मैंने बिन्दी लगानी छोड़ दी है। बात यह है...आजकल मैं अपनी शक्ल-सूरत के बारे में सतर्क रहने लगी हूँ। दिन में न जाने कितनी बार आईना देखती हूँ। बालों की लटें सँवारती हूँ। ओंठों की मुस्कराहट परखती हूँ। लिपस्टिक ठीक करती हूँ। कहीं कुछ बिखर न जाए। सब-कुछ अपनी जगह पर रहे। बना-सँवरा।

कुछ दिन पहले घंटों बिन्दी लगाने में बरबाद हो जाते थे। यहाँ तक कि तंग आकर मैं बिना लगाए ही घर से निकल जाती थी। बात यह है...आजकल मेरी कोशिश है कि बिन्दी माथे पर, भँवों के बीचो-बीच, नाक के ठीक ऊपर गोलाई में लगे। बिलकुल गोलाकार, एकदम माथे के बीच, कपड़ों से पूरी तरह मेल खाती हुई।

...पर हाथ हिल जाता है। आईने में अक्स देखकर भँवें छिटक जाती हैं। जैसे पीछे से आकर कोई बाँहों में घेर लेता हो। सीने से लगा लेता हो। बिन्दी थमा हाथ काँप जाता है। आँखों के आगे धुन्ध उठ आती है और...बिन्दी या तिरछी हो जाती है या एक तरफ से लम्बूतरी।

धत्, मैं पोंछ डालती हूँ। फिर लगाती हूँ। फिर...अब कितनी बार पोंछूँ! कितनी बार लगाऊँ! तंग आकर आजकल मैंने बिन्दी लगानी छोड़ दी है।

फिर भी बार-बार आईना देखती हूँ। बालों की लटें सँवारती हूँ। किसी हाल बाल बिखरने नहीं चाहिए। बाल बिखरे हों तो आदमी कैसा मदमस्त-सा लगता है। दुनिया से बेखबर। अपने में मस्त...इन्सान! फिर मुस्कराहट भी रोकनी पड़ती है। नियमित, अधखुली, साफ-सुथरी मुस्कराहट में खतरा नहीं रहता। बस, ओंठों को थोड़ा-सा फैलने दीजिए—पल भर के लिए—फिर सिकोड़ लीजिए। लीजिए पूरी हो गई सामाजिक प्रक्रिया...जरूरी मुस्कराहट। जरा भी असावधानी बरती तो ओंठ सिर्फ फैलते ही नहीं काँपने भी लगते हैं! आँखें चमक उठती हैं, नथुने फड़क उठते हैं, दाँत झिलमिला जाते हैं—बड़ी मुश्किल हो जाती है। सामाजिक प्राणी फिर अलग इन्सान बन जाता है। आजकल मैं अपनी मुस्कराहटों को हाथ से निकलने

नहीं देती। बार-बार शीशा निकालकर देख लेती हूँ—सब ठीक-ठाक है न?

पर क्या बतलाऊँ, शीशा देखना भी एक मुसीबत है। अपनी सूरत तो दिखेगी पल-भर को, कहाँ-कहाँ का भूला-बिसरा याद आ जाएगा।

भूला-बिसरा! नहीं-नहीं, हँसो मत। आजकल मैं कभी-कभी झूठ भी बोल लिया करती हूँ।

"तुम्हारी बिन्दी टेढ़ी है।"

"तो?"

"अच्छा है। तुम, तुम लगती हो।"

"अच्छा, एक दिन कोशिश करो," उसने कहा था, "बिन्दी ठीक माथे के बीच एकदम गोल-गोल करके लगाओ। देखें, तुम औरों की तरह दीखती हो या नहीं।"

"तुम देखो न लगाकर।"

"अच्छा, कोशिश करता हूँ। पर देखो, हिलना-डुलना बिलकुल नहीं। चुपचाप बुत की तरह बैठी रहना, ठीक?"

"ठीक।"

उसने हरी बिन्दी की बोतल दृढ़ता से पकड़ी, उसकी डाट पर बिन्दी का पाउडर लगाकर, उसे मेरे माथे पर रखा। बीचोबीच सटाकर। इतनी सतर्कता से कि उसका हाथ मेरी ठोड़ी से लेकर माथे तक चस्पाँ हो गया। नाड़ी होंठों पर आ पड़ी। उसने बिन्दी माथे पर चिपकाई। मैं चुप बैठी रही। एक शब्द भी नहीं बोली। बस, ओंठ गोल किए और उसकी नाड़ी को चूम लिया। धीमे से। नामालूम-सा रहा होगा उनका स्पर्श। (इसके लिए तुम मुझे कसूरवार नहीं ठहरा सकते।)

उसका हाथ इतनी जोर से काँपा कि मेरे मुँह पर हरी बिन्दी का छिड़काव हो गया। गुलाल की तरह।

"क्या करते हो?" मैंने कहा और उसने, "क्या करती हो तुम?"

फिर उसने मुझे पकड़कर आईने के सामने खड़ा कर दिया और हम दोनों ठठाकर हँस पड़े।

"अब तुम बिलकुल तुम लगती हो।" पीछे से मुझे बाँहों में घेरकर उसने कहा और हरे रंग से धुले मेरे चेहरे को चूम लिया। कुछ रंग उसकी ठोड़ी पर लग गया, कुछ कमीज पर गिर पड़ा...और फिर हम वैसे ही बाहर निकल पड़े। हवाखोरी करने।

मुझे याद है, मैंने धरती के रंग का कत्थई कुर्ता पहना हुआ था और उसने हँसकर कहा था, "तुम्हारे चेहरे का रंग तुम्हारे कुर्ते से बिलकुल मेल नहीं खाता।"

"तो?"

"और तुम्हारे कुर्ते का बटन भी टूटा हुआ है।"

"तो क्या हुआ?"

"एक बटन और भी टूटा होगा।"

"होगा।"

"और उसकी जगह जो बटन तुमने लगाया है, वह कुर्ते और बटनों से मेल नहीं खाता।"

"तो क्या करूँ? एक मेल खाता बटन बनवाने के लिए फैक्टरी जाऊँ?"

"और कोई होता तो पता क्या करता?"

"क्या?"

"पाँचों बटन बदलकर एक जैसे लगा लेता।"

"ऊँह! समय की बरबादी।" मैंने ओंठ सिकोड़कर कहा था।

"अब समय बरबाद नहीं हो रहा?"

"कब?"

"मेरे साथ घूमने ग, ?"

"लो, पागल हो क्या?"

"पागल क्यों होता! अगर तुम इस समय मेरे साथ न घूम रही होतीं तो कितने जरूरी काम कर सकती थीं।"

"मसलन?"

"मसलन...खाना पका सकती थीं। किताब पढ़ सकती थीं। अपने घर के सामने की सड़क की सफाई कर सकती थीं। बच्चों को सँभाल सकती थीं। एम. ए. के लिए तैयारी कर सकती थीं...।"

"एम.ए. मैं कर चुकी।"

"सॉरी! पी-एच.डी. की तैयारी कर सकती थीं। कॉलेज में इंटरव्यू देने जा सकती थीं...।"

"प्रधानमंत्री बन सकती थी; शास्त्रीय संगीत सीख सकती थी; संसार का सर्वश्रेष्ठ उपन्यास लिख सकती थी; अपने देश में क्रान्ति ला सकती थी...।"

"नहीं-नहीं," उसने बीच में रोक दिया, "यह ठीक है। तुम मेरे साथ घूमो। देश की सुरक्षा इसी में है।"

"देखा।"

"और सुनो...यह बटन नहीं बदलना।"

"फिर बटन! क्यों उसके पीछे पड़े हो?"

"पीछे नहीं पड़ा। कह रहा हूँ, इसे बदलना मत।"

"क्यों? अब क्या हुआ? इस पर प्यार आ गया?"

"हाँ, बेमेल है न।"

"तो ?"

"हम भी बेमेल हैं।"

उसने कहा था, हँसकर, और मैं भी हँसने को तैयार थी। फिर पता नहीं क्या हुआ, हमारी हँसी बुझ गई। आँखों के कोर भीग गए। काँपते ओंठों को दाँतों ने दबा लिया।

सच, कितने बेमेल हैं हम लोग! वह अंग्रेज (नहीं, स्कॉट), मैं हिन्दुस्तानी। वह चर्च का पादरी, मैं नास्तिक। वह शादीशुदा, मैं भी। उसका परिवार विलायत में, मेरे पति-बच्चे यहाँ दिल्ली में।

कितनी दूर हम चुपचाप चलते रहे। कनॉट प्लेस पीछे छूट गया। हम फिरोजशाह कोटला की तरफ निकल गए।

"यह खूनी दरवाजा है।" मैंने कहा।

"जानता हूँ।" उसने धीमे से कहा।

हमारी दूरी सदियाँ लाँघ गई।

हम चुपचाप आगे बढ़ते रहे। साथ, पर अलग।

कुछ दूर और चले हम। माथे से पसीने की बूँदें गिरने लगीं। मेरे चेहरे का हरा रंग बहने लगा। उसने रूमाल निकालकर अपने चेहरे का पसीना पोंछ डाला। उसकी ठोड़ी से मेरा निशान मिट गया। गोरा रंग अँधेरे में चमकने लगा।

तभी उसने मेरी तरफ देखा और बाँह बढ़ाकर मुझे पास खींच लिया। बीच सड़क पर मेरे माथे पर चुम्बन दिया और कहा, "तुम फिर भी तुम हो।"

अपने रूमाल से उसने मेरे चेहरे का पिघला हरा रंग पोंछ दिया और कहा, "तुम फिर भी तुम हो।"

...हम फिर खिलखिलाने लगे...

"आओ, यहाँ खड़े होकर चाय पिएँ।" उसने सड़क के किनारे बनी हलवाई की दुकान दिखाकर कहा।

"नहीं, बैठेंगे," मैंने कहा, "मैं थक गई हूँ।"

"ठीक है। बैठ जाते हैं। वह देखो...दो-चार कुर्सियाँ भी हैं।"

हम बैठ गए। गरम शरबती चाय पीने लगे।

हलवाई की दुकान के खोखे की दीवार पर तस्वीरें लगी थीं—फिल्मी तारिकाओं की, देवी-देवताओं की, प्रधानमंत्री की, राष्ट्रपति की। कुछ और भी।

"वह कौन है?" एक तस्वीर दिखाकर मैंने पूछा।

"मिस वर्ल्ड।"

"पर यह तो साड़ी पहने हैं।"

''तुम्हें पता है, इस साल 'मिस वर्ल्ड' एक हिन्दुस्तानी लड़की बनी है। सुन्दर है न?''

''बहुत।''

''तुम्हारी तरह दिखती है।''

''मेरी तरह क्यों दिखती?'' मैंने नाराज होकर कहा।

''कमाल है! अजीब औरत हो तुम? इस बात से नाराज होती हो कि 'मिस वर्ल्ड' तुम्हारे जैसी दिखती है।''

''मैं किसी की तरह क्यों दिखूँ?''

''तुम नहीं, वह तुम्हारी तरह दिखती है।''

''देखो, बहकाओ मत,'' मैंने कहा, ''दोनों एक ही...।''

काश! तुम मेरी तरह दिखते, मैं सोच रही थी। तुम और मैं...

''मगर उसके रंग में हरियाली नहीं है।''

''क्या मतलब?'' मैंने पूछा।

''बिन्दी तो पुँछ गई, पर उसका हरापन बाकी है। तुम्हारा रंग घास पर पड़ी ओस की बूँद-सा टिमटिमा रहा है।''

मैं मुस्करा उठी...ओंठ कँपकँपाकर...दाँत चमकाकर...आँखें लड़खड़ाकर...भँवें छितराकर...मैं हँस दी।

''सच! तुम बस तुम हो,'' उसने कहा, ''टेढ़ी बिन्दी, बेमेल बटन, बिखरे बाल, इतनी बेबस हँसी!''

इस बात को आठ साल बीत गए...

आजकल मैंने बिन्दी लगानी छोड़ दी है। आजकल मैं अपनी शक्ल-सूरत के बारे में बहुत सतर्क हो गई हूँ। आजकल मैं औरों की तरह दिखती हूँ न?

8

"मैं एक दिन शराब पीना चाहती हूँ।" मैंने कहा।

"ठीक है, अगली बार जर्मनी जाऊँगा तो तुम्हारे लिए 'वाइन' की बोतल ले आऊँगा।" उसने कहा।

"नहीं, वैसे नहीं," मैंने कहा, "मैं सचमुच पीना चाहती हूँ। इतनी कि धुत हो जाऊँ।"

"क्यों?"

"मैं जानना चाहती हूँ, लोग शराब क्यों पीते हैं और यह भी कि धुत होकर मैं क्या करूँगी।"

"ठीक है। एक दिन पियो।"

"उसके लिए मुझे एक ठीक आदमी का साथ चाहिए।"

"मुझसे ठीक आदमी तुम्हें कहाँ मिलेगा...वैसे ठीक आदमी से तुम्हारा मतलब क्या है?"

"ऐसा आदमी जो खुद न पिए, पर पीने के बारे में सब-कुछ जानता हो। जो मुझे बतला सके, ठीक कितनी पी चुकने पर मैं धुत हो सकूँगी।"

"ठीक है।" उसने कहा।

"ऐसा आदमी जो सब-कुछ देखता हो, सुनता-समझता हो, पर जो अपने देखे-सुने को कल्पना का पुट देकर रंगीन न बनाए।"

"उससे क्या होगा?"

"मैं यह जानना चाहती हूँ कि धुत होने पर मैंने क्या किया। यह नहीं कि उसके खयाल में नशा चढ़ने पर आदमी या औरत को क्या करना चाहिए या अमूमन वे क्या करते हैं। मुझे विवरण चाहिए, पूर्वग्रह नहीं।"

"वह भी चलेगा," उसने कहा, "तुम्हें देखकर वैसे भी मेरी कल्पना-शक्ति काम नहीं करती।"

"क्यों, मैं इतनी जाहिल हूँ?"

"नहीं, तुम्हारे न रहने पर सिर्फ मेरी कल्पना-शक्ति काम करती है। कभी-कभी तो जब तुम आती हो तो लगता है, लो यह गई कब थी?"

"और मेरे रहने पर?"

"तुम रहती हो...।"

"तो?"

"कल्पना की जरूरत नहीं पड़ती।"

"मेरे रहने के अलावा कोई कल्पना नहीं करते तुम?"

"कमाल करती हो! तुम्हारे न रहने की कल्पना करूँ तो क्या हश्र होगा मेरा, सोचो तो।"

"मेरे रहने और न रहने के अलावा...।"

"बस दीखती दुनिया है। उसके लिए कल्पना की क्या जरूरत? वह जो है, है। जो नहीं हो सकती, वह तुम हो।"

"पर मैं भी तो बस, हूँ।"

"हाँ, अब हो तो बस तुम हो, कल्पना क्या करूँ?"

"ठीक है। तब आज दुपहर...।"

"मेरे कमरे में...कितने बजे आओगी? एक...।"

"हाँ...रात तक नशा उतर जाएगा।"

"क्यों?"

"मुझे घर जाना होगा।"

"तुम्हें घर पहुँचाने की जिम्मेदारी मेरी।"

"महेश यहाँ नहीं है।"

"ठीक है। तब तुम धुत भी पहुँच सकती हो।"

"तुम नहीं पिओगे?"

"मैं तो पीता नहीं?"

"साथ देने को भी नहीं? "

"नहीं-नहीं, तुम्हें ऐसा आदमी चाहिए न, जो पीता न हो?"

"तुम क्यों नहीं पीते?"

"क्योंकि मैं जानता हूँ लोग शराब क्यों पीते हैं, और यह भी कि धुत होने पर मैं क्या करता हूँ?"

"क्या करते हो?"

"कुछ नहीं करता," वह खिलखिलाकर हँस पड़ा, "बेकार है मेरे लिए पीना।"

"और मुझे धुत होने के लिए कितने गिलास पीने पड़ेंगे?"

"ऐसा करता हूँ, मैं व्हिस्की, रम और ब्रांडी मिला देता हूँ। काम जल्दी हो जाएगा।"

"ठीक है।" मैंने कहा।

गिलास तैयार हुआ और मैंने गले के नीचे उतार लिया।

"जरा धीरे।" मैंने सुना वह कह रहा है।

"...बाहर धुन्ध है।" मैंने कहा।

"हाँ। सरदी जो इतनी है।" उसने कहा।

"अब कम है।" मैंने कहा।

"क्या?"

"सरदी।"

"और धुन्ध?"

"गहरी।"

"अभी तुम्हारा दिमाग दुरुस्त है।"

मैंने दूसरा गिलास भी गटक लिया।

"जरा धीरे।" उसने कहा।

"...तुम्हारी भँवें बहुत घनी है।" मैंने कहा।

"हाँ, हैं।" उसने कहा।

"जंगल की तरह।"

"हाँ।"

"आदमी खो जाए।" मैंने कहा।

"भँवों में?"

"धुन्ध में।"

"भँवों में धुन्ध है?"

"क्यों, नहीं हो सकती?" मैंने सख्ती के साथ पूछा।

"हो सकती है। है?"

"इसमें नाराज होने की क्या बात है?"

"कौन नाराज है?"

"तुम्हारी भँवें। इतनी नाराज भँवें मैंने पहले कभी नहीं देखीं।"

"मैं अपनी भँवों की तरफ से माफी माँगता हूँ।"

"आओ, निकाल दूँ।"

"क्या? भँवे?"

"नहीं धुन्ध।

"भँवों से?"

"और गहरी हो गई।" मैंने कहा और तीसरा गिलास खाली कर दिया।

"क्या?" उसने पूछा।

"धुन्ध?" मैंने कहा।

"कहाँ?"

"बाहर।"

"बाहर चलें?"

"नहीं। दिसम्बर है।"

"तो क्या हुआ?"

"समय नहीं है।"

"क्यों?"

"नया साल लगने वाला है।"

"तो?"

"भँवे ठीक करनी हैं।"

"क्यों?"

"उलझी हैं।"

"रहने दो।"

"नहीं, उलझना नहीं चाहिए।"

"और पिओगी?" उसने कहा।

"दो।"

मैंने गिलास हाथ में पकड़ा और अँगुलियाँ उसमें डुबो दीं। कहा, "आओ, सुलझा दूँ।"

वह मेरे सामने घुटनों के बल बैठ गया।

मैंने शराब की चन्द बूँदें हथेली पर उँड़ेलीं और अँगुलियों की पोरें भिगोकर उसकी भँवों पर फेरना शुरू कर दिया। खींचकर सीधा करते हुए। मनोयोग से। आसान काम नहीं था। हाथ को ठीक भँवों तक ले जाना...कितना दुरूह है...धुन्ध का आरपार नहीं...भँवें दीख नहीं रहीं...जंगल है...जंगल में धुन्ध...भँवों के बीच फँसी है...उलझी-उलझी...सीधी होती नहीं...कितनी भी शराब उँड़ेलो...जंगल...मैं... शायद...उसकी गोद में लुढ़क गई...

दोनों हाथों से सिर दबाकर मैंने कहा, ''बेवकूफ आदमी, यह क्या कर डाला! मेरा सिर दर्द से फटा जा रहा है!''

''इसे हैंग-ओवर कहते हैं।'' उसने संजीदगी से उत्तर दिया।

''मुझे नशा नहीं हुआ?''

''यह नशे का ही नतीजा है।''

''क्या?''

''हैंग-ओवर।''

''दर्द?''

''हाँ।''

''तो नशा कब होगा?''

''हो चुका।''

''हो चुका और मुझे पता भी नहीं चला!''

''नशे और हैंग-ओवर में यही फर्क है। नशे का पता नहीं चलता, हैंग-ओवर का चलता है।''

''बिना हैंग-ओवर नशा नहीं हो सकता?''

''शराब से नहीं।''

''उफ, मेरा सिर फटा जा रहा है।''

''थोड़ी-सी शराब और पी लो।''

''मजाक मत करो।''

''मजाक नहीं। शराब से ही शराब का हैंग-ओवर उतरता है।''

''छोड़ो। मुझे नहीं चाहिए।''

''तो लाओ, सिर दबा दूँ।''

दोनों हाथों से मेरे सिर को दबाकर उसने कहा, ''तुम्हारी भँवें बहुत खूबसूरत हैं। सुलझी-तराशी हुई।''

मैं हँस पड़ी।

''तुम्हारी तो पूरी जंगल हैं।'' मैंने कहा।

''हाँ, सोने से पहले तुम सुलझा रही थीं।''

''तुम्हारी भँवें?''

''हाँ।''

''नशे में यही किया मैंने?''

''हाँ।''

''धत्! क्या फायदा फिर नशे का...पर सुलझी तो नहीं।''

''नहीं, ये कुत्ते की दुम की तरह हैं। सीधी नहीं हो सकतीं।''

"फिर कोशिश करूँ?"

"कर देखो।"

वह मेरे सामने बैठ गया।

मैंने अपने ओंठ उसकी भँवों पर रखे और उन्हें सुलझा दिया, पर फायदा कुछ नहीं हुआ। ओंठ हटाते ही सीधे हुए बाल दुबारा गुड़ी-मुड़ी हो गए।

"अरे, ये तो सीधी होती ही नहीं।"

"मैंने कहा न, यह कुत्ते की दुम की तरह हैं, शराब तक से नहीं सुलझतीं।"

"शराब से तो कुछ नहीं सुलझता।"

"यह ठीक है।"

"फिर शराब क्यों पीते हैं?"

"नशे के लिए।"

"पर नशे का तो पता नहीं चलता।"

"इसीलिए।"

"क्या मतलब?"

"लोग सोचते हैं, यही असलियत है।"

"नशे में सोना?"

"नहीं, सोने से पहले नशे में उलझना।"

"तुम्हारी भँवों की तरह?"

"हाँ"

"मुझे भँवे ही सुलझानी हैं तो शराब क्यों पिऊँ!"

"बिलकुल।"

"इसीलिए तुम नहीं पीते?"

"मैं बिना पिए नशे में रहता हूँ। जो दुनिया मैं चाहता हूँ वही मेरे लिए असली है। बाकी धुन्ध।"

"इसीलिए भँवे उलझ गईं?"

"हाँ।" वह हँस दिया।

"और देखो," उसने कहा, "मैं इस तरह उलझा हूँ कि तुम भी कोशिश करके मुझे सुलझा नहीं सकतीं। चाहो तो एक बार और कर देखो।"

मैंने फिर उसकी उलझी भँवों पर ओंठ रख दिए...भँवें सीधी नहीं हुईं...ओंठ फिसल गए...उसके ओंठों की गिरफ्त में आ गए...

"मैं समझ गई," मैं बुदबुदाई, "तुम शराब क्यों नहीं पीते।"

9

"तुम बँगला देश क्यों जाना चाहते हो?" मैंने उससे पूछा।

"सीधी-सी बात है। एक देश है। वहाँ के लोग मुसीबत में हैं। उनकी भाषा मैं समझता हूँ। मुझे जाना ही चाहिए।"

"डर नहीं लगता?"

"क्यों नहीं लगता। डर तो मुझे तुमसे भी लगता है, इसीलिए क्या तुम्हें छोड़ दूँ?"

"हर वक्त मजाक मत किया करो। मैं और मौत एक़ चीज हैं?"

"पर मैं मरने नहीं जा रहा। मैंने कहा था न, आत्महत्या में मेरा कतई विश्वास नहीं है।"

"पर...कुछ हुआ तो?"

"तो उस वक्त डरूँगा और तुम्हें याद करूँगा। अभी से क्यों डरूँ?"

"क्या करोगे वहाँ?"

"जो मुझसे हो सकेगा। उनमें से कितने बीमार होंगे, उनकी दवा-दारू, सेवा-सुश्रूषा करूँगा। कितने भूखे होंगे, उनके लिए सरहद के पार चोरी से रसद पहुँचवाने का इन्तजाम करने की कोशिश करूँगा। हो सका तो ठीक। न हो सका; कुछ भी न हो सका तो बस उनके साथ रहूँगा। बच्चों को कहानियाँ सुना दूँगा। मुझे बहुत-सी याद हैं।"

"परियों की कहानियाँ?"

"परियों की। राक्षसों की। वीरों की। सुखद अन्त वाली कहानियाँ। कहानियों के बिना सूखी आशा के बल पर कोई कैसे जिएगा भला?"

"मैं चलूँ तुम्हारे साथ?"

"चल सकोगी?"

"चाहती तो हूँ।"

"तुम्हारे पति?"

"क्यों, मैं भी तो कह सकती हूँ; एक देश है। वहाँ के लोगों पर अत्याचार हो रहा है। वे हमारे पड़ोसी हैं। मुझे जाना ही चाहिए।"

"कह सकोगी...कहकर चल सकोगी?"

"तुम साथ रहोगे तो जरूर चल सकूँगी।"

"साथ चलेंगे तो कई लोग पर रहना...वहाँ कौन...कब...बिछुड़ जाए, क्या मालूम?"

मेरा चेहरा पीला जर्द पड़ गया। उस मनहूस देश में उससे बिछुड़कर मैं एकदम अकेली रह गई तो?

जबरदस्ती मैंने अपने सूखे मुख पर मुस्कराहट चिपका ली, कहा, "देखा जाएगा।"

वह हँस पड़ा।

"ठीक है," उसने कहा, "इसे कहते हैं, डर को मुल्तवी रखना। भविष्य की झोली में फेंक देना। जब वक्त आएगा, खूब डर लेंगे। अभी से फिक्र क्यों करें?"

"कुछ-कुछ समझ में आ रहा है।" मैंने कह तो दिया, पर धौंकनी-सा धड़कता दिल मुँह में आ गया।

रोज बँगला देश में हो रहे पाकिस्तानियों के अत्याचारों के बारे में कोई-न-कोई भयावह, सनसनीखेज कहानी सुनने को मिलती है। वहाँ जाऊँगी तो मैं...कैसे उस सबसे महफूज रहूँगी?

फिर भी...मैं जाऊँगी जरूर...घर पहुँचते ही महेश से बात करूँगी। बात मैंने कर ली। जो सोचा था कह डाला। जोर दिया, जिद की। महेश ने कह दिया—जो तुम ठीक समझो, करो; अगर करना ही है तो।

पर अन्तत मेरा जाना कहाँ हुआ?

मेरी बच्ची को भयानक रूप से टाइफाइड हो गया।

सुनते ही उसने कहा, "तब तो तुम्हारा जाना नहीं हो सकता।"

मैं रो दी। कहा, "कैसी मजबूरी है!"

वह मुस्करा उठा।

"मैं तो हूँ।" उसने कहा।

"हाँ, तुम हो। तुम तो...जा रहे हो न?"

"हाँ। जा रहा हूँ, तुम्हारी शुभकामनाओं के साथ। तुम्हारा प्यार साथ लेकर।"

अब सोचती हूँ, वह मेरे दिल का हाल ठीक-ठीक समझ गया होगा, इसीलिए मुस्करा दिया था। व्यंग्य नहीं किया था, यह उसका बड़प्पन था...नहीं-नहीं, प्यार—मेरे लिए और मेरी कमजोरियों के लिए भी।

पहले-पहले बच्ची की बीमारी के बारे में पता चला था तो बहुत दिनों बाद, मेरा दिल मुँह से वापस छाती में गिर, आराम-तसल्ली से धड़का था। लगा था

अचानक, खौफनाक अँधेरी गुफा से बाहर भाग जाने का रास्ता मिल गया और वह भी बिला भगोड़ा कहलाए।

कायर को सबसे बड़ा डर यही होता है कि कहीं कोई उसे कायर न कह दे। जो जितना बड़ा कायर होता है, उतना ही व्यापक होता है उसका अपराध-बोध। उतनी ही भयंकर होती है उसकी वेदना और शर्मनाक उसकी कायरता।

बँगला देश जाने के ख्याल से ही मेरी रूह काँप रही थी; पर जाने को मना करना नामुमकिन था। कायर होना एक बात है, कायर होने को स्वीकार करना दूसरी।

एक क्षण के लिए भी उन दीन-दुखियों की तस्वीर मेरी आँखों के सामने से हटती नहीं थी। खाना खाते, नहाते-धोते, सोते-जागते, उनका ख्याल मुझे यूँ घेरे रहता था कि मुँह का स्वाद मिट्टी हो जाता था।

हे भगवान, हम सब क्या ऐसे ही आँखें मूँदकर जीते चले जाएँगे? उन लोगों के लिए कुछ नहीं करेंगे? किसी-न-किसी को तो आगे बढ़ना होगा। क्या अन्ततः मुझे ही बढ़ना पड़ेगा? मेरा दिल मुँह में आ जाता। हाथ-पाँव सुन्न हो जाते। हे भगवान, क्या और कोई उपाय नहीं है?

ये इतने सारे लोग हैं मेरे चारों तरफ...सब आराम की नींद सोते हैं, चैन से दिन गुजारते हैं। इन्हें क्या कोई तकलीफ नहीं होती? इन्हें बतलाना चाहिए, बँगला देश में क्या हो रहा है। हो सकता है, इनमें से कुछ की आत्मा विद्रोह कर दे। कुछ अपनी कायरता पर विजय पा लें। सम्भव है, ऐसे सिरफिरे भी इनमें हों, जो कुछ कर दिखलाने की तमन्ना में सिर पर कफन बाँध निकल पड़ें—बँगला देश की तरफ...और मैं...बच जाऊँ! इनके पास पैसा है, बाहुबल है। काश...अगर...दिल भी हो!

मैं घर-घर जाकर प्रचार करूँ? पर...कहीं मुझे ही अगुआ न बनना पड़े। हे भगवान, क्या मेरे जाए बगैर कुछ नहीं होगा?

डर मुझे मौत का नहीं था। मरने से मैं नहीं डरती। कम-से-कम मेरी इतनी बात का यकीन करो।

अगर मुझे दीवार के साथ खड़ा करके गोली से उड़ा दिया जाए तो मैं बिलकुल न डरूँ। मौत की सजा और मौत के बीच महीनों का अन्तराल हो तो वह भी तसल्ली से गुजार दूँ। एक क्षण के लिए भी बेचैन न हूँ...मेरा विश्वास करो, मैं बिलकुल सच कह रही हूँ।

सुना है, मृत्यु का अवश्यंभावी क्षण बहुत भयावह होता है। गिलोटिन के गिरने का दिन निश्चित हो; फाँसी के फंदे पर लटकने का लम्हा तय हो; बच के भाग निकलने की आशा शेष न हो तो मनुष्य, मनुष्य नहीं रहता, डर और आशंका से कँपकँपाती नसों का लोथड़ा बन जाता है।

मेरे साथ ऐसा नहीं है। मुझे भय लगता है अनिश्चितता से। मौत के पहले के अवमाननापूर्ण लम्बे अनिश्चत समय से।

अनजान राह के अज्ञात डर! गरीबी, बीमारी, भूख का घिनौना माहौल...और कुछ न कर पाने का कचोटता अहसास। छिप-छिपकर जीना। कीचड़ में रेंगना। दलदल में अटकर लेटे रहना। गन्दगी में दुबककर सोना। जो हाथ लग जाए, मुँह में डालकर निगल लेना—सड़ा भात, जंगली फल, पेड़ की छाल या जड़। गलीज सिर और बदन में जुएँ पालकर उतने ही गलीज मरीजों की असमर्थ सेवा करना। सूनी लाचार आँखों से भूखे, फूले पेट, मासूम बच्चों को दम तोड़ते देखना...

उसने कहा—मैं तो हूँ—और मेरी समस्या हल हो गई। मैं घर के सुरक्षित वातावरण में रहकर अपनी बीमार बच्ची की सेवा करूँगी और वह वहाँ...बीहड़ खतरे में मुसीबतजदा अजनबियों की।

यह क्या कम है? मैं उसे प्यार करती हूँ, फिर भी खतरे के मुँह में जाने दे रही हूँ। (मेरे मना करने से क्या वह रुक जाता?) मेरी जान उसी में अटकी रहेगी। उसके बगैर मैं क्या करूँ?

जब वह इतना कुछ कर रहा है तो मैं कुछ भी न करूँ तो क्या हर्ज है? वह और मैं अलग कहाँ हैं? उसने मुझे उबार दिया—मेरी कायरता से; मेरे भय से; मेरे अपराध-बोध से।

फिर भी...क्यों मैं अपने को धोखे में नहीं रख पा रही! क्यों बार-बार एक ही खयाल आता है...काश, एक बार हिम्मत करके मैं उसके साथ चली गई होती!

''मैं तो हूँ।'' उसने कहा था।

''मैं जा रहा हूँ, तुम्हारी शुभकामनाओं के साथ; तुम्हारा प्यार साथ लेकर।'' उसने कहा था।

और मैंने कहा था, ''अपना खयाल रखना।''

एक खोखला बेमानी जुमला।

''हाँ, जरूर,'' उसने कहा था, ''मैं वहाँ मरने नहीं जा रहा।''

''मत कहो यह।'' मैंने उसके मुँह पर हाथ रख दिया था।

''क्यों?'' मेरा हाथ चूमकर वह हँस पड़ा, ''अपनी मौत की बात तो हरदम करती हो!''

''एक कायर की मौत!''

मैंने कहा तो उसने मेरा मुँह बन्द कर दिया।

''मैं तुम्हें प्यार करता हूँ।'' बँधे ओंठों से फुसफुसाकर उसने कहा।

10

एक उम्र बीत गई।

''कल मुझे जाना है।'' बरसों पहले उसने कहा था और मेरे सामने घुटनों के बल बैठ गया था।

''कल..?''

''हाँ।'' उसने कहा था और अपना सिर मेरी गोद में छिपा लिया था।

मेरी आँखों में आँसू छलछला आए थे, पर मैंने उन्हें गिरने नहीं दिया था। मुँह झुकाकर उसके घने बालों से पोंछ डाला था। फिर मेरी अँगुलियाँ उसके बालों में चलने लगी थीं।

समय बहता चला गया था...शून्य की ओर...अविराम।

फिर ठहर गया था। उसके बालों से गिरते करंट ने शायद उसे बेहोश कर दिया था।

...मैं सोफे पर बैठी हूँ। वह मेरे सामने बैठा है। उसका सिर मेरी गोद में है। मैं उराके बालों में अँगुलियाँ चला रही हूँ। घने-भूरे बाल। लहर पर लहर। मेरी अँगुलियाँ उन्हें बिखेर देती हैं, फिर समेट लेती हैं। हर हाल उनकी छुअन मेरे साथ है। बिजली का हल्का शॉक। शॉक पर शॉक। हाथ झनझना जाता है। दिमाग सुकून महसूस करता है।

झन-झन। करंट पर करंट। बाल बिखरे...सिमट गए। मेरे हाथों में। हाथ सुन्न होता जा रहा है। दिमाग झपकी ले रहा है। अनदेखे-अनजाने उम्र बीत रही है। मैं डूबती जा रही हूँ—अवचेतन में।

...मेरे हाथों में नन्हा-सा बालक है। गोरा मुख, हरी-भूरी आँखें, सुनहरे रेशम-से कते बालों के महीन रोएँ। मैं हाथों में उसे झुला रही हूँ। वह मुस्करा रहा है...

रुई-सा मुलायम उसका गाल मैंने अपने गाल से सटा लिया है। ठोड़ी के नीचे हाथ डालकर उसे गुदगुदा दिया है। वह किलकारियाँ मार रहा है। मैंने उसके गुलाबी साटन-से ओंठ अपने ओंठों से छुआ दिए हैं। उसने फौरन ओंठ गोल कर लिए हैं

और चूसना शुरू कर दिया है। चुस-चुस...पल-भर...एक जोर का चसकारा और वह हक्का-बक्का मेरी तरफ ताक रहा है। यह क्या हुआ?

मुझे हँसी आ गई है। बेचारा! मैं हँस दी हूँ। वह मुँह बिसूरकर रो दिया है। मैंने उसे छाती से सटा लिया है। उसके ओंठ वक्ष से लगा दिए हैं। उसकी मुट्ठियाँ बँध गई हैं। मेरा उरोज उसने जी-जान लगाकर थाम लिया है...अब वह सन्तुष्ट-तृप्त है।

मैं धीरे-धीरे उसके बाल सहला रही हूँ। महीन कता सुनहला रेशमी सूत। असीम सुख। अपार शान्ति।

...मैं उसके बालों पर साबुन लगा रही हूँ। समुद्रफेन की थिरकन। दूधिया फेन के बीच चमक रही सुनहरी धूप की किरणें...या उसके बालों के रेशमी धागे।

...नन्हे शिशु को मैं टब में नहला रही हूँ। हाथ-पाँव मारकर वह पानी में लहरें उठा रहा है। किलक-किलककर पानी उछाल रहा है। मुझ पर छींटे मार रहा है। मैं भीग रही हूँ-पानी से, दुलार से।

उसके नन्हे गुलाबी पैर। उसकी मासूम गुदगुदी हथेलियाँ। उसका गोरा सुँता बदन। उसका किलकता-हँसता चेहरा। उसके रेशमी सुनहरे बाल!

दूर क्षितिज तक फैला समुद्र। उस पर खेलता एक दिव्य बालक। समुद्रफेन...उसके केश। हरा जल...उसकी दृष्टि का विस्तार। मैंने उठा लिया उसे बाँहों में। सटा लिया सीने से। समय के स्वतःस्फूर्त वेग को। उसके गीले बदन का मोहक स्पर्श...चेतना का हरण कर गया।

समय तेजी से भाग रहा है।

सुनहरे बालों से उसका सिर ढँक गया है। वह बात-बात पर 'नहीं' कहकर सिर झटकता है। डर लगता है, जमीन पर रेशम न बिखर जाए। पर बाल माथे पर छितरकर रह जाते हैं। मैं हाथ से उन्हें सँवार देती हूँ। वह 'नहीं' कहकर सिर झटक देता है...बाल बिखर जाते हैं...मैं सँवार देती हूँ...

"तुम हर बात पर 'नहीं' क्यों कहते हो?" मैं कह रही हूँ।

"नहीं...तो।" उसने कहा है।

बाल उसके सलोने मुख पर छा गए हैं।

मैं अपना प्रश्न भूल गई हूँ। हँसकर बाल सँवार दिए हैं। माथे और गाल का चुम्बन ले लिया है...फिर अपने ओंठ उसके भिंचे ओंठों पर रखने को बढ़ाए हैं।

'नहीं' कहकर उसने अपना मुख मेरे हाथों से बाहर झटक दिया है...वह मेरी पकड़ से बाहर हो गया है।

आएगा। लौटकर मेरे ही पास आएगा।

वह कागज पर लकीरें खींच रहा है। सँभलकर गहरे मनोयोग के साथ। पेंसिल इतने जतन से हाथ में थमी है, आड़ी-तिरछी लकीरों में जरूर कोई गूढ़ अर्थ छिपा है। उसकी आँखों का भूरापन दब गया है। सूरज की किरणों ने उनकी हरी कौंध सुलगा दी है। वह रेखाचित्र को लेकर ध्यानमग्न है। एकाग्रता के क्षणों में उसकी आँखों की हरी ज्योति ऐसे ही भड़क उठा करती है।

"क्या है यह?" मैं पूछती हूँ।

"मैं।"

"तुम? कैसे?"

"ऐसे।" वह कहता है और रेखाचित्र को उल्टा करके मुझे थमा देता है।

"ओह, तो तुम हो!"

"हाँ। देखो मेरे बाल।"

सच, बाल ही तो हैं। घने। लहरदार। बिखरे-बिखरे।

"ये...आँखें।"

हाँ, यह रही उसकी आँखों की स्थिर-एकाग्र दृष्टि।

"ये...ओंठ।"

इतने सख्त। कर्मनिष्ठ-सबल-लक्ष्यबद्ध। अभी से।

मैंने हाथ बढ़ाकर उसे अपने पास खींच लिया। वह सीधा तना खड़ा रहा। मैंने उसके बाल माथे पर छितरा दिए। बालों से ढका उसका माथा चूम लिया। उसकी दृष्टि स्नेहिल हो गई, पर ओंठ कसे रहे।

मेरी हिम्मत नहीं हुई कि उन्हें चूम सकूँ।

हाथों में चेहरा थामकर बस अपनी स्निग्ध दृष्टि उस पर बरसा दी।

उसकी आँखें मुझे देखती रहीं...उसके ओंठ खिल उठे...वह मुस्करा दिया। ललककर एक चुम्बन मेरे गाल पर दिया और दौड़कर बाहर निकल गया। मेरा हाथ चुम्बित गाल को छूने बढ़ा और वहीं टिका रह गया।

बड़ा हो रहा है वह, मेरी आँखों के सामने।

मेरी अँगुलियाँ अनवरत उसके बालों में चल रही हैं।

समय मेरी मुट्ठी में है...उम्र बीत रही है...

"अगर तुम मेरी बेटी होतीं...।" सहसा उसने कहा।

"तो तुम मेरे बेटे न होते!" कहकर मैं हँस दी।

"तो तुम इतनी देर तक मुझे इस तरह बैठने न देतीं। मेरे पैर दुख गए।" उसने कहा।

"मेरे कहे बगैर क्या तुम उठोगे नहीं?"

"कैसे उठूँ? मेरे बालों पर तुम्हारी अँगुलियाँ चिपकी हैं।"

"छुड़ा लो।"

"कैसे? तुम्हारी अँगुलियों पर मेरे बाल चस्पाँ हैं।"

"तो?"

"तुम मुझे उठा लो।"

"अगर तुम मेरे बेटे होते...।"

"तो तुम मेरी बेटी न होतीं...वही बेहतर होता।"

"क्यों?"

"नहीं जानतीं?"

मैंने उसके ओंठ अपने वक्ष पर रख लिए।

"जान गई।" मैंने कहा।

"मैं घर लौट आया।" उसने कहा।

"उठो, सोफे पर अ जाओ।"

"नहीं, अब पाँव नहीं दुख रहे।"

"फिर भी...।"

मेरी अँगुलियाँ उसके बालों से नीचे फिसल गईं...

...एक उम्र बीत गई।

शाम का झुटपुटा फिर घिरने लगा।

वह कल लौट जाएगा–जमशेदपुर...फिर...एक दिन—लंदन। नहीं...उसके बारे में नहीं सोचूँगी। उससे पहले तो अभी न जाने कितनी उम्र बीतनी हैं।

उसने कहा था न, वह पुनर्जन्म में विश्वास करने लगा है। उसके बिना गुजर नहीं है।

कुछ ठहरकर मैं भी लौट जाऊँगी जमशेदपुर। कितने अजनबी हो जाएँगे हम दोनों...कभी फिर वह दिन आएगा...हम दुबारा दिल्ली लौटेंगे...

"अरे, तुमने दिल्ली तो देखी नहीं।" सहसा मुझे याद आया तो मैंने कहा।

"दिल्ली?" उसने ऐसे कहा जैसे पहली बार वह नाम सुना हो। वह सो रहा था शायद। नहीं, सो नहीं रहा था, मेरे वक्ष को अपने ओंठों में संजोए आँखें बन्द किए लेटा था।

"याद है," मैंने कहा, "तुम दिल्ली घूमना चाहते थे?"

"घूम तो लिया।"

"कहाँ? एक दिन तो होटल के कमरे से बाहर नहीं निकले।"

"मोहम्मद कुएँ के पास नहीं गया, कुआँ मोहम्मद के पास आ गया। तुम हो न पूरा हिन्दुस्तान। और हिन्दुस्तान में, लाजिम है, दिल्ली भी होगी। है न?"

"धत्!"

"अच्छी है।"

"चुप।"

"अच्छा, चुप हो जाता हूँ। ठीक भी है, बोलने से बहुत कुछ छूट जाता है।"

उसने छूटा उरोज वापस ओंठों में लिया और आँखें बन्द कर लीं।

समय बीतता गया। चुप्पी गहराती गई। कल पास आता गया।

"कल चलेंगे बाहर।" मैंने कहा।

"हूँ...।" उसने बुदबुद की।

खामोशी कायम रही। समय मुझे डसने लगा।

"ऐसे सोओगे?" मैंने कहा।

"हूँ...।"

"और मैं क्या करूँ?"

"फार गॉड्स सेक शटअप एंड लेट मी लव (खुदा के लिए चुप रहो और मुझे प्यार करने दो)।" उसने कहा, "तुम बोलती बहुत हो।"

हाँ, मुझसे चुप नहीं रहा जा रहा। बहुत कष्ट हो रहा है। कल कितनी तेजी से पास भागा आ रहा है, आज हाथ से छूटा जा रहा है। बोल-बोलकर मैं उसे पकड़े रहना चाहती हूँ...या उसके गुजरने से अनजान बनी रहना चाहती हूँ। सुना है, फाँसी पर लटकने जाता इन्सान खूब बोलने लगता है। चुप रहती हूँ तो टीले-सा वक्त छाती पर बैठ जाता है और...बहुत...धीरे-धीरे...आगे...सरकता है।

"समय को पकड़कर रखने की कोशिश मत करो," उसने कहा, "डोरी ढीली छोड़ दो। पतंग को ऊँचा उठने दो। फिर देखो...क्षण और अनन्त काल का अन्तर मिट जाएगा।"

मैंने अपना बदन ढीला छोड़ दिया। आँखें मूँद लीं। समय का आविष्कार कर डाला...

...डर कैसा...कल तो जाने कब आएगा...

11

...यह प्रशान्त महासागर का द्वीप है शायद...नहीं...यह एक घना जंगल है...आस्ट्रेलिया के पहाड़ों पर...क्या कहकर पुकारता है वह उसे...आस्ट्रेलियन बुश...ठाठें मारता समुद्र...नहीं, सौ-सौ फुट ऊँचे पेड़...रैडवुड ट्रीस...नीरव-निर्जन...नहीं...रेगिस्तान के बीच छिपा नखलिस्तान है यह...

मुझे समुद्र ने घेर लिया है...स्तब्ध लेटी हूँ द्वीप पर...ऊँची-ऊँची लहरें सब तरफ...तरंग पर तरंग...आलोकित...पर कोई आवाज नहीं...हाँ...है एक आवाज जो तमाम आवाजों को जज्ब किए ले रही है...रिचर्ड-रिचर्ड-रिचर्ड...

...ऊँचे-ऊँचे पेड़...पेड़ों से गुँथी झाड़ियाँ...झाड़ियों के नीचे लम्बी लहलहाती घास...असंख्य जीव-जन्तु...गुंजान पत्तों से टकराकर बहती तेज हवा...पर कोई आवाज नहीं...जानवर सब बेहोश हैं...हवा निःशब्द...नहीं...एक शब्द है जो तमाम शोर को पी गया है...रिचर्ड...रिचर्ड...रिचर्ड...

...हाँ, यह सहारा रेगिस्तान के बीच छिपा नखलिस्तान है...दूर तक रेत ही रेत...बीच में दो शब्द...मनु...रिचर्ड...एकान्त द्वीप...नन्हा नखलिस्तान...रैडवुड पेड़ की छाँव...नीरव-निःस्पन्द प्रशान्त महासागर...नहीं, रेत का उद्यान...

जापानी पुजारियों ने सँवारा होगा इसे।

हवा चलती है। रेत को उड़ाकर एक जगह से दूसरी जगह ले जाती है। रोज हवा चलती है, रेत बिखरती है और नक्काशी बनती जाती है।

हवा चलनी बन्द हो जाती है। नक्काशी पुजारी की नजरों के सामने पड़ती है। प्रकृति की अनुपम चित्रकला की भव्य अभिकल्पना। एब्स्ट्रेक्ट का आदर्श रूप।

पुजारी सिर झुका देता है। उस महान् विराट चित्रकार के सामने हम क्या हैं...तुच्छ जीव। पर हमारे अन्दर भी सौन्दर्यबोध है। कला का ज्ञान न सही, युग-युगान्तर की कला के दर्शन से उत्पन्न अन्तःप्रज्ञा तो है ही।

हे विराट् कलाकार, क्षमा करना, तुम्हारी कलाकृति को जरा-सा सँवारे दे रहे हैं। बुरा न मानना, ऐसा कुछ नहीं होगा कि तुम कह सको, हमने तुम्हारी अभिकल्पना

बिगाड़ दी, पर ओ अज्ञात चित्रकार, लगता है, हवा चलनी जरा जल्दी बन्द हो गई। वरना तुम इस रेखा को अवश्य थोड़ा और उभारते। उसे बाएँ से हटाकर तनिक दाएँ मोड़ देते। लाओ, यह काम हम पूरा कर दें। हम जानते हैं हवा भी तुम्हारे ही विराट् रूप का एक पहलू है, पर हम भी तो अलग नहीं हैं।

पुजारी सारा दिन काम में जुटे रहते हैं। (कैसे जानती हूँ मैं? उसी ने बतलाया था एक दिन, रिचर्ड ने।) रेत की अपूर्व नक्काशी में कहीं कोई त्रुटि न रह जाए। यह रेत का उपवन है। हवा के माध्यम से पुजारियों ने उगाया है या पुजारियों के निमित्त हवा ने। रेत से फूटती रेत। रेत पर उगी रेत। रेत पर खिली रेत।

यह नखलिस्तान है या रेत का बगीचा?

शब्दों का क्या काम यहाँ? रेत मूक है, हवा मौन, पुजारी निःशब्द...अपने-अपने काम में निमग्न। एक-दूसरे के अहसास से मंत्रबिद्ध। मानव और प्रकृति का अनन्त सम्भोग-नृत्य!

फिर भी एक शब्द है जो बराबर चारों तरफ गूँज रहा है...रिचर्ड-रिचर्ड-रिचर्ड...

तुम मेरा नाम हो।

मैं तुम्हें अपना नाम देकर अपना बना लूँगा। तुम्हारा अस्तित्व मिट जाएगा। होगा बस मेरा अस्तित्व और तुम मात्र उसका नाम। मेरा नाम ही तुम्हारा नाम होगा, तुम्हारे भीतर से सृजन भी होगा तो सिर्फ मेरे नाम का।

...किसी ने कहा था...बरसों पहले...नहीं, कहा नहीं था, चाहा जरूर था। हर पल, हर क्षण, मूक आदेश दे, मौन समर्पण माँगा था। एक नाग के दो इन्सान। फिर निवेदन कैसा और कैसा तर्क?

पर मैंने स्वीकार नहीं किया। मूक आधिपत्य के विरुद्ध विद्रोह कर दिया।

नहीं, मुझे मेरा नाम चाहिए। उसका अस्तित्व भले कुछ न हो, फिर भी मुझे चाहिए। मेरी मुक्ति मुझे चाहिए। समर्पण का अधिकार मुझे चाहिए।

एक मुक्त नाम...आज मुझे मिल गया। मेरा या उसका?

रिचर्ड-रिचर्ड-रिचर्ड...!

मेरे रिचर्ड नहीं, बस रिचर्ड। रेत के रेतीले प्रतिमान, प्रशान्त महासागर की लहरों के संगीत, आस्ट्रेलियन बुश के सघन-सुदीर्घ वृक्ष, तुम रिचर्ड हो। मेरे नहीं, बस रिचर्ड।

कहो न एक बार—मनु...बस, मनु...कहो न...बार-बार।

फ्लैश अनटु फ्लैश...वी आर वन।

हम एक हैं, पर एक-दूसरे के नहीं। हम अलग हैं, पर एक—अपनी मर्जी से...मर्जी? कैसी मर्जी? हम एक हैं, क्योंकि दो नहीं रह सके...हवा और पुजारी ने मिलकर बनाई है न रेत पर नक्काशी?

हम एक हैं इस क्षण...यहाँ...प्रशान्त महासागर के द्वीप पर...आस्ट्रेलिया के सघन जंगल में...रेगिस्तान में छिपे नखलिस्तान पर...हवा से बनी एब्स्ट्रेक्ट चित्रकला की आत्मा से वशीभूत...यहाँ दिल्ली के क्लारिज होटल के कमरे में—प्रशान्त महासागर की शान्ति है यहाँ...आस्ट्रेलियन बुश का एकान्त...रेत के उद्यान का निःसर्ग।

हम एक-दूसरे की बाँहों में सो चुके हैं और दो शब्द हमारे अवचेतन में अब भी गूँज रहे हैं—रिचर्ड—मनु...मनु—रिचर्ड।

उसका नाम उसका रहा, मेरा मेरा। उसने नहीं कहा, तुम मेरी हो, बस कहा, मनु...मनु...मनु...!

मैंने नहीं कहा, मेरे स्वामी...कहा, बस, रिचर्ड...रिचर्ड...रिचर्ड...

"फ्लैश अनटू फ्लैश, वी आर वन," उसने कहा, "हम एक हैं।"

हम एक हुए, फिर दो हो गए। पर वह क्षण हमारे भीतर प्रविष्ट कर गया। मृत्यु तक हमारा साथी...

"टिल डैथ डू अस पार्ट।"

हम मृत्यु तक अलग नहीं होंगे। हो भी गए—हम, रिचर्ड और मनु, तो भी वह क्षण हमारे साथ रहेगा जब रिचर्ड और मनु एक हुए थे—टिल डैथ डू अस पार्ट...

"रिचर्ड-रिचर्ड!" मैंने धक्का देकर दरवाजा खोल लिया और सीधी उसकी बाँहों में जा गिरी।

"ओह, मनु!" उसने कहा।

"शुक्र है भगवान का," मैंने कहा, "तुमने दरवाजे में सिटकनी नहीं लगा रखी थी।"

"भगवान को क्यों बीच में लाती हो, मेरा शुक्रिया अदा करो।"

"तुम जानते थे, मैं आऊँगी?"

"हाँ।"

"पर मैंने तो कहा था...।"

"और मैंने क्या कहा था?"

"बहुत जुल्म करते हो तुम।"

कल रात जब उसके पास से घर वापस लौट रही थी तो मैंने कहा था, "ग्यारह के बाद आऊँगी, सुबह।"

रात-भर अलग रहते हैं हम लोग। दिन के वक्त मैं उसके पास आ सकती हूँ। घरवालों को आदत है दिन में मेरे बाहर जाने की। साल में एक बार दिल्ली आती हूँ तो खूब घूमती हूँ—ढेर सारी पुरानी सहेलियाँ हैं...थीं। अब तो बस वह है। शाम घिर आने पर घर लौट जाना होता है। दो बच्चियाँ हैं...उन्हें मेरी जरूरत होती है।

तो कल शाम मैंने कहा था, "ग्यारह बजे के बाद आऊँगी, कल।"

"जब तुम्हें सुविधा हो," उसने कहा था, "मैं बेसब्र तो हूँ पर इन्तजार कर लेता हूँ—बेसब्री से।"

आज सुबह-सुबह फोन बजा। आठ बजे। मैंने उठाया। वह था। उसने इसरार नहीं किया, बस कहा, "आओ, प्यार करें।" और फोन कट गया।

मेरे लिए वक्त काटना मुश्किल हो गया।

अब नौ बज रहे हैं और मैं यहाँ हूँ...उसकी बाँहों में...।

"तुम जानते थे, मैं आऊँगी तो अब तक नहाए क्यों नहीं?" मैंने पूछा।

जवाब में उसने मेरे ओंठ बन्द कर दिए।

"पता चला क्यों?" उसने पूछा...बहुत देर बाद।

उसका ड्रेसिंग-गाउन खुल आया था और मेरे ओंठ उसकी छाती पर थे।

"शायद...।" मैंने कहा।

"मैंने कल ही तय कर लिया था, जब तक तुम नहीं आओगी, नहाऊँगा नहीं।" उसने कहा, "पता चला क्यों?"

पता मुझे चल गया था, पर मन था उसके मुँह से सुनूँ, इसलिए कहा, "क्यों भला?"

"जानती तो हो। क्यों बन रही हो?"

"क्या जानती हूँ?"

"यही कि तुम्हारी गंध को मैं अपने से अलग नहीं कर सका।"

मैं भला क्या जवाब दूँ? चुप हूँ।

"रात-भर मेरे पास रहीं और अब अनजान बन रही हो। रात में जो मेरे शरीर का स्पर्श महसूस किया...याद नहीं?"

"हूँ...।" मैंने गर्दन झुकाकर धीमे से कहा।

अरे, मेरे तो गाल लाल हो गए!

"बड़े अचरज की बात है।" मैंने बात बदलकर कहा।

"इसमें अचरज क्या है?"

"नहीं, वह नहीं। यह...तुम्हारी छाती पर बाल नहीं हैं।"

"इसमें क्या अचरज है?"

"क्यों, शरीर के सारे बाल भँवों पर उगे हों तो अचरज नहीं होगा।" मैंने कहा।

वह मजे से हँस दिया। हँसते-हँसते मुझे गोद में उठाया और बिस्तर पर लिटा दिया। झुककर मेरे पैरों को चूम लिया। पहले तलवों को...फिर एक-एक उँगली-अँगूठे को।

"पैर क्यों चूमे?" मैंने कहा।

"क्यों, तुम लोग पैर छूते हो, मैंने चूम लिए।"

"वह तो अपनों से बड़ों के छूते हैं।"

"अपनों से छोटों के चूमते हैं।"

"धत्! पागल!"

"अच्छा बतलाओ, तुम लोग पैरों को बदन से अलग क्यों कर लेते हो?"

"तुम्हें ओंठों और पैरों में फर्क मालूम नहीं होता?"

उसने मेरे पैर दोनों हाथों में थामकर मसल दिए और...उन्हें चुम्बनों से भिगो दिया।

"तुम्हें फर्क लगता है?" उसने पूछा।

"रिचर्ड-रिचर्ड-रिचर्ड!" मैंने कहा और उसे ऊपर खींच लिया, "तुम्हारा नन्हा-सा स्पर्श मेरे लिए...सब-कुछ है।"

"तुम मेरी पूरक हो। मेरे शरीर का बिछुड़ा हिस्सा, जिसे मैं बरसों से ढूँढ़ता फिर रहा हूँ।"

"आओ, हम एक हो जाएँ।" मैंने कहा।

"आँखें बन्द मत करो," उसने कहा, "मेरी तरफ देखो...देखो, हम-तुम एक हैं।"

खुली आँखों की दृष्टि एक-दूसरे से बँध गई है। स्तम्भित-परस्पर सम्मोहित। सृष्टि स्थिर है। स्तब्ध।

...यह कैसा भूचाल है...आखिर हमारी एकाग्र दृष्टि डगमगा ही गई...

एक सिसकती चीत्कार के साथ मैंने उसके भीगे चेहरे को अपने चेहरे से सटा लिया...और आँखें बन्द कर ही लीं!

"मनु-मनु-मनु!" एक टेक।

"रिचर्ड-रिचर्ड-रिचर्ड!" मैंने कहा। रोकर, हँसकर, प्रपात के उद्गम-सा फूटकर।

"चलो, एक हफ्ते के लिए कहीं चलें हम...।" उसने कहा।

"कहाँ?"

"प्रशान्त महासागर के किसी निर्जन द्वीप पर।"

''अरे, गए तो थे कल।''

''कल?''

''हाँ। एक हफ्ता रहे।''

''एक हफ्ता?''

''हाँ...कल गए थे...नहीं...एक हफ्ता पहले?''

''ओह, हाँ। कल कहाँ, पिछले हफ्ते गए थे।''

''हाँ। दो दिन द्वीप पर रहे, फिर आस्ट्रेलियन बुश में...।''

''कितने दिन...''

''दो।''

''फिर... ?''

''फिर सहारा रेगिस्तान के बीच छिपे एक नखलिस्तान में...दो दिन।''

''एक दिन बच गया...है न... ?''

''हाँ, एक दिन आराधना और ध्यान में बिताना चाहिए। हमने बिताया। जापानी पुजारियों के रेतीले उद्यान में।''

''हाँ, याद आया। एक हफ्ता पलक झपकते बीत गया।''

''हाँ।''

''मन नहीं भरा। एक हफ्ते के लिए फिर चलो।''

''चलो।'' मैंने कहा और अपने ओंठ उसकी छाती पर रख दिए। उसने मेरा मुँह उठाया और मेरी आँखें चूम लीं।

''नहीं,'' उसने कहा, ''आँखें बन्द मत करो। मेरी तरफ देखो...।''

...हम धीरे-धीरे प्रशान्त महासागर में प्रवेश करने लगे।

12

"चलो, गांधी दर्शन चलते हैं।" उसने कहा।

"क्यों?"

"आज आखिरी दिन है। तुमने कहा था न, एक दिन आराधना और ध्यान को अर्पित करना चाहिए।"

"आराधना करोगे वहाँ?" मैंने पूछा।

"आराधना ही समझो। मानव से प्यार और महामानव से प्रेरणा, यही काम है मेरा।"

"तुम गांधीजी के भक्त हो?"

"हाँ, गांधी, क्राइस्ट और मार्क्स, तीनों मेरे आदर्श हैं।"

"तीनों?"

"हाँ, कोई एतराज है?"

"पर हिंसा-अहिंसा, विद्रोह-त्याग, एक साथ कैसे?"

"क्यों, पार्वती के दो रूप हैं न। प्रसन्न पार्वती—उमा और रौद्र पार्वती-दुर्गा। तुम लोग दोनों को पूजते हो न?"

"हाँ।"

"जानती हो, यूरोप का पहला कम्युनिस्ट कौन था?"

"कौन?"

"जीसस क्राइस्ट।"

"यूरोप का क्यों? दुनिया का कहो न।"

"नहीं-नहीं, उससे मुझे बहुत डर लगता है। अनुभव की बात है। जब भी मैं दुनिया के किसी 'पहले आविष्कार' का नाम लेता हूँ तो मुझे बतलाया जाता है—गलत, यह चीज हिन्दुस्तान में बहुत पहले से मौजूद थी। यूरोप का पहला कम्युनिस्ट कहने में खतरा नहीं है। मैं झगड़ा मोल लेना नहीं चाहता; बल्कि तुम कहो तो मैं यहाँ तक मानने को तैयार हूँ कि गांधी क्राइस्ट से पहले पैदा हुआ था।"

मैं हँस दी।

कहा, "तुम समझदार आदमी हो! तभी हिन्दुस्तानी तुम्हें छह साल से बर्दाश्त करते आ रहे हैं। कितने दिन गुजारते हो यहाँ एक साल में?"

"कभी चार महीने, कभी पन्द्रह दिन। कभी कम, कभी ज्यादा। इस बार चक्कर लम्बा था—आठ महीने रहा।"

"और हर बार तुम्हें आने दिया जाता है? तुम सचमुच समझदार होगे।"

"होगे नहीं, हूँ।"

"हो। तो बतलाओ, क्राइस्ट पहला कम्युनिस्ट कैसे था? क्या इसलिए कि उसने आदमी-आदमी के बीच साम्य देखा था? क्या कहा था उसने—सुई की नोक से ऊँट भले निकल जाए, स्वर्ग के दरवाजे में अमीर नहीं घुस सकता।"

"उसने कहा था—सिर्फ कमांडमैंट्स मानकर चलने से क्या मिलेगा तुम्हें। अपनी जमीन-जायदाद बेच दो और गरीबों में बाँट दो। तभी भगवान को प्राप्त कर पाओगे।

"दरअसल धीरे-धीरे अमीरों ने क्राइस्ट का चेहरा खराब कर दिया। असली चेहरे पर नकली मुखौटा लगा दिया—अपने सहयोगी मित्र का। गरीबों को चाहिए नकाब फाड़ डालें और असली चेहरे को उजागर कर दें। गांधी भी यही कहता था। उसका असली चेहरा उन्हीं का सहायक होगा जिन्हें उसने हमदर्दी के साथ 'द डिसइनहैरिटेड ऑफ द अर्थ' पुकारा था। और मार्क्स ने हैव-नॉट्स। उनकी लड़ाई में जरूर वह उनका साथ देगा।"

"लड़ाई में? पर क्राइस्ट ने विद्रोह नहीं सिखलाया?"

"सिखलाया था। जरूरत होने पर वह भी। उसने कहा था—यह नहीं सोचो, मैं धरती पर शान्ति लेकर आया हूँ। जो मैं लाया हूँ, शान्ति नहीं तलवार है—उन्हीं, 'डिसइनहैरिटेड ऑफ द अर्थ' के लिए। उन खाली हाथ गरीबों के लिए जिन्हें उनकी जमीन से बेदखल कर दिया गया है।"

"दो रूप थे क्राइस्ट के भी। प्रसन्न पार्वती और रौद्र पार्वती।"

"तुम्हें कौन-सा पसन्द है?"

"किसका? तुम्हारा?"

"बात मेरी नहीं, क्राइस्ट की हो रही है।"

"ओह, हाँ। मुझे दोनों पसन्द हैं। तुम्हारी तरह। तुम्हारे भी तो दो रूप हैं—प्रसन्न पार्वती और रौद्र पार्वती...और मैं दोनों पर मुग्ध हूँ।"

"गांधी का तो कोई रौद्र रूप नहीं था।"

"नहीं, वह बस प्रसन्न पार्वती के प्रतीक थे। पर गांधी और मार्क्स, दोनों, पूँजीवाद के अन्धाधुन्ध यंत्रीकरण से त्रस्त थे और उसके बच निकलने की राह का

अनुसन्धान कर रहे थे।

"मार्क्स का कहना था—पूँजीवाद और यंत्रीकरण, इतिहास की अपरिहार्य और निष्ठुर तर्क-युक्ति के अंश हैं। उनसे छुटकारा मिल तो सकता है पर तभी जब वे अपने 'लॉजिक' को पूरा करके उस चरम बिन्दु पर पहुँच जाएँ, जहाँ विद्रोह खुद-ब-खुद पनप उठता है। यंत्रीकरण के दबाव में घुटे-पिसे कामगारों का विद्रोह भी ऐतिहासिक नियति का अनिवार्य अंग है। मार्क्स के लिए इतिहास की क्रूर नियति से बच निकलना असम्भव था। विद्रोह अनिवार्य था, विद्रोह का रूप भी निश्चित था—कम्युनिज्म या साम्यवाद। पर उससे पहले उतना ही निश्चित था, पूँजीवाद। उससे उत्पन्न यंत्रीकरण और कामगारों का शोषण।

"गांधी का कहना था—यंत्रीकरण को अनिवार्य मत बनने दो। इससे पहले कि पूँजीवाद का राक्षस तुम्हें हजम कर जाए, तुम उसकी पकड़ से बाहर भाग जाओ। ऐसी राह पर चलो जो तुम्हे छोटे उद्योगों और खुदकाश्त खेती की तरफ ले जा सके।

"पूँजीवाद और यंत्रीकरण की भयावहता कल्पनातीत है। जितनी बार वह जमीन पर गिरता है, उसकी शक्ति बढ़ती जाती है। उसके पंजों की जकड़ विचित्र है। उसका कैदी छटपटाता जरूर है, पर उसकी पकड़ से बाहर निकलने के बजाय, खुद को और शिद्दत के साथ उसके पंजों के हवाले करता जाता है। जब वह खुद यंत्र और यंत्रीकृत पूँजीवाद के राक्षसी बदन का हिस्सा बनता जाएगा तो विद्रोह भला कैसे करेगा? युग बीत जाएँगे, छोटे-मोटे विरोध होंगे। राक्षस पटकनी खाएगा तो दूनी शक्ति के साथ उठ खड़ा होगा। विद्रोह टलता रहेगा, शोषण बढ़ता जाएगा, समता आ नहीं पाएगी।

"इससे पहले कि यह सब हो, तुम दूसरी राह पकड़ लो। राक्षस को पनपने ही न दो।"

"पर क्या यह हो सकता है?" मैंने पूछा।

"एक बात बतलाओ। गहराई से सोचने पर क्या तुम्हें नहीं लगता कि सच्चा विद्रोही मार्क्स नहीं, गांधी था? वह ऐतिहासिक नियति से विद्रोह करना सिखला रहा था। इन्सानों को ईश्वर की मदद से राक्षसी नियति को पछाड़ने का सबक दे रहा था। उसके मन में आशा थी और शोषितों के प्रति विश्वास।"

"पर मार्क्स निराशावादी और भाग्यवादी था—फेटेलिस्ट। ऐतिहासिक लॉजिक अपरिहार्य नियति थी उसके लिए। उससे बच पाना असम्भव।"

"आज पश्चिमी यूरोप उस नियति की मुट्ठी में है। हमें मार्क्स की जरूरत है या क्राइस्ट के रौद्र रूप की। पर हिन्दुस्तान? यहाँ तो अभी आशा बाकी है। क्या तुम गांधी से काम नहीं चला सकते?"

"शायद चला सकते...कुछ समय पहले तक," मैंने कहा, "अब समय निकल

गया...हमने खुद को ऐतिहासिक नियति के हवाले कर दिया है।''

''शायद तुम ठीक कहती हो।'' एक लम्बी साँस भरकर उसने कहा।

वह बहुत गम्भीर था।

''पर गांधी दर्शन क्यों जाना चाहते हो?'' ठहरकर मैंने पूछा, ''वहाँ क्या देखोगे?''

''कार्टून।''

''क्या?''

''उस जमाने के कार्टून।''

''कार्टून! क्यों?''

''किसी कौम का सच्चा स्वरूप जानना चाहते हो तो शोषितों के बनाए कार्टून देखो। पता चल जाएगा, कौम जिन्दा है या मर गई। और जिन्दा है तो कब तक बगावत करेगी।''

''हिन्दुस्तानी कौम जिन्दा थी। हमेशा।''

''तब तो कार्टून बढ़िया होंगे। आओ, चलें...''

''आओ, किसी से पूछें अन्दर जाने का रास्ता कौन-सा है।'' उसने सुझाव रखा।

''वह किसलिए? सामने वह 'एरो' नहीं दिख रहा है! लिखा है—गांधी दर्शन।''

''देखो, मैं छह साल से हिन्दुस्तान आ रहा हूँ। एक बात जो यहाँ सीखी है, वह है, कभी उधर मत जाओ जिधर 'एरो' इंगित करता हो। जाओगे तो वहाँ पहुँच जाओगे जिसके आगे कुछ नहीं होगा।''

''बस, यही तो है तुम लोगों की साम्राज्यवादी मानसिकता,'' मैंने तमककर कहा, ''पूर्वग्रह, विकृति और अन्याय!''

''अरे-अरे, क्या हुआ?''

''कुछ नहीं। मैं जा रही हूँ 'एरो' की तरफ। तुम्हें चलना है?''

''जरूर। तुम्हारे साथ मुझे डैड-एंड भी मंजूर है।''

हम 'एरो' की नोक की सीध में चल दिए। काफी लम्बी निकली पक्की सड़क। आखिर वह खत्म हुई तो आगे ऊबड़-खाबड़ घास का मैदान उभर आया। वह बेहिचक मैदान के बीच बनी पतली पगडंडी पर बढ़ गया। मैंने इधर-उधर देखा, फिर उसके पीछे चल दी। पगडंडी कुछ दूर जाकर खत्म हो गई। अब हमारे सामने था एक पथरीला टीला, जिस पर टूटी बोतलों और कूड़े-करकट का ढेर लगा था। उसके ठीक पीछे थी, छह फुट ऊँची दीवार, जिस पर अतिरिक्त सुरक्षा के लिए नुकीले काँच जड़े थे।

''अहा, डैड-एंड!'' उसने कहा, ''क्या कलात्मक स्थान है! अभिशप्त प्रेमियों के

अनुरूप। आओ, यहाँ बैठें। बहुत दिनों से मन था, तुम्हें ईलियट का वेस्टलैंड सुनाऊँ।''

''क्यों टाइम्स लिटरेरी सप्लीमेंट की तरह बोल रहे हो,'' मैंने कहा, ''बस, जरा-सा भटके नहीं कि बौखला गए।''

''जी, मैं भटका नहीं, वहाँ पहुँच गया हूँ, जहाँ आप मुझे ले जाना चाहती थीं। आओ, यहाँ बैठकर अपनी किस्मत को रोएँ।''

''तुम क्यों रोओगे?'' मुझे गुस्सा आ गया, ''यह तुम्हारी किस्मत नहीं है, न तुम्हारा देश। तुम जाओ, रास्ता ढूँढ़ो। तुम्हारा कहना ठीक निकला, पिछड़े देशों में यही हुआ करता है।''

''मेरा मखौल मत उड़ाओ, मनु!'' उसने संजीदा आवाज में कहा।

''क्यों, तुम खुदा हो क्या कि तुम्हारा मखौल नहीं उड़ाया जा सकता?''

''तुम कसम खाकर कह सकती हो, तुम खुदा का मखौल नहीं उड़ाओगी?''

''नहीं। खुदा को मखौल की सख्त जरूरत है। लोगों को चाहिए, दिल खोलकर खुदा का मखौल उड़ाएँ। तभी वह आसमान से उतरकर जमीन पर आ सकता है।''

''आ गया तो क्या करोगी उसका?''

''तब वह क्राइस्ट, गांधी या मार्क्स बनकर सामने आएगा और हम...।''

''उसका कुछ और मखौल उड़ाएँगे।''

''अच्छा होगा। वह खुदा बनने से बचा रहेगा और हँसते-हँसते लोग उसे अपना नेता बना लेंगे। तभी न कुछ काम होगा।''

''ठीक कहती हो तुम! आओ, अपना मखौल उड़ाएँ।''

''तो रास्ता खोजें? चले वापस पगडंडी पर?''

''चलो।''

हम चल दिए। कुछ दूर चलकर मैंने पूछा, ''वैसे तुम पगडंडी पर उतरे क्यों थे? साफ दीख रहा था, सामने डैड-एंड है।''

''इसलिए।'' उसने कहा और मुझे बाँहों में घेरकर चूम लिया। कसकर।

''सामने डैड-एंड तो है ही,'' उसने कहा, ''पर इसीलिए क्या हर पगडंडी छोड़ दें?''

''नहीं...घर लौटना होगा...।''

''लौट जाएँगे। दुनिया को कौन छोड़ सकता है! खुदा तक नहीं।''

''दुनिया...।'' मैंने सख्ती से कहना शुरू किया।

''भाड़ में जाए,'' उसने कहा और हँस दिया, ''भाड़ में जाए दुनिया का सोच। चाहे जो सोचे संसार, हम छोड़ेंगे नहीं।''

''नहीं?''

''नहीं। पर अभी पगडंडी बाकी है। आओ, रास्ता खोजें।''

13

कुहनी पर शरीर टिकाए, हाथ पर गाल रखे मैं एकटक उसे देख रही हूँ। देर से।

वह गहरी नींद सो रहा है। जब वह सोया रहता है, मैं ऐसे ही स्थिर रहकर उसका चेहरा निहारा करती हूँ।

कितना खूबसूरत लग रहा है वह। मेरा मन हो रहा है, रो दूँ।

चेहरे से एक-एक झुर्री मिट गई है। वह तृप्त है इसलिए शान्त...या शान्त है इसलिए तृप्ति का आभास दे रहा है।

शाम का झुटपुटा कमरे को परछाइयों से भर रहा है, पर उसके चेहरे पर कोई छाया नहीं है। हल्की-सी झाईं तक नहीं।

रोशनी और अँधेरे की छुपन-छुपाई में कमरे का धूमिल प्रकाश रह-रहकर काँप उठता है। बस, उसके शरीर में कोई कम्पन नहीं है।

पूरा बदन सफेद चादर से ढका है। चेहरा खुला है और कमरे की परछाइयों से घिरा, अपने सुनहले-सलोनेपन में दमक रहा है।

उसकी आँखें बन्द हैं। वह गहरी नींद सो रहा है।

आजकल हम दुपहर को रात मानने लगे हैं और रात को...दिन? पता चलता है, कब रात हुई कब दिन?

दिन ही में क्या करना होता है हमें? लेटे-लेटे सोचते रहते हैं, और क्या। रात के बारे में।

यह तो सुविधाजनक है हमारे लिए कि हमारा दिन रात के अँधेरे में उगता है। जब बाकी दुनिया हमसे बेखबर सोई पड़ी रहती है। उसे खबर कहाँ है, हम उससे किस कदर बेखबर हो चुके हैं। हमारे सोच में उसका दखल नहीं है। उसकी रफ्तार में हमारा सोच बाधक नहीं है।

शाम का झुटपुटा घिरता चला आ रहा है। हमारी सुबह होती है तो रोशनी शरमा जाती है। आगे बढ़ने के बजाय दबे पाँव पीछे हट जाती है।

वह स्थिर है—मोम की प्रतिमा की तरह। सजीव, पर स्थिर। और मैं...मेरे कान मेरी साँसों का स्पन्दन सुन रहे हैं, इसलिए जानती हूँ, समय बीत रहा है—हर साँस के साथ। वरना मेरे बदन में हरकत नहीं है। इतनी स्थिर हूँ मैं कि खुद अपने जिन्दा होने पर शक हो रहा है। एकटक उसे देख रही हूँ...साँसें गिनती उस क्षण का इन्तजार कर रही हूँ जब वह आँख खोलकर मुझे देखेगा। अवर्णनीय है वह सुख।

धुँधियाता अँधेरा पाँव बढ़ाता कमरे में घुसा आ रहा है।

उसके चेहरे से नजर हटाने को मन नहीं है वरना मैं उठकर बत्ती जला सकती हूँ।

वह सो रहा है।

वह सोए चला जा रहा है।

मेरी आँखों के सामने, मेरे देखते-देखते यह क्या हो रहा है?

उसके चेहरे की सुनहली रंगत मोतिया-पीलेपन में बदल रही है...उसके ओंठ नीले पड़ रहे हैं...उसकी बन्द आँखों के नीचे जामुनी कालिमा पुत रही है...

मैं देख रही हूँ...एकटक...

उस पर ढकी सफेद चादर पर अनगिनत ऑरकिड बिछे हैं, इतने कि चादर दिखनी बन्द हो गई। एक मोतिया-पीला-जामुनी जाल है ऑरकिड्स का जिसने उसे आगोश में भर लिया है।

उसके पलंग की पाटियाँ धीरे-धीरे उठी हैं और उसके सुप्त शरीर के चारों तरफ बक्से की तरह कस गई हैं। ऊपर का ढक्कन खुला है। ऑरकिड्स के फ्रेम में पारदर्शी पीला चेहरा निःस्पन्द जड़ा है।

जमशेदपुर में मैंने उससे कहा था, "तुम मरोगे तो तुम्हारे कफन को मैं ऑरकिड्स से मढ़ दूँगी।"

"तब तो मरना भी कारगर होगा," उसने कहा था, "पर लाओगी कहाँ से? हिन्दुस्तान में तो ऑरकिड खिलता नहीं।"

"सिक्किम से?"

"सिक्किम जाओगी तुम मेरे लिए?"

"तुम्हें छोड़कर? कभी नहीं।"

"पर मैं तो तब हूँगा नहीं।"

"तो क्या हुआ? मैं टक लगाकर तुम्हें देखूँगी और तुम उठ बैठोगे।"

"तुम्हें देखने को?"

"हाँ।"

"फिर तो ऑरकिड बेकार जाएँगे।"

"हाँ।"

"तो सिक्किम जाना नहीं होगा।"

"कब कहा मैंने कि जाऊँगी।"

"तुम्हारा क्या ख्याल है, मैं कभी मरूँगा नहीं?"

"मेरी दृष्टि के सामने नहीं। मैं हमेशा तुम्हें ऐसे ही याद रखूँगी...जीवित, सचेत, मुखर।"

"बाप रे! जरा से ऑरकिड बचाने के लिए इतनी जिद!"

"नहीं, ऑरकिड्स के कारण नहीं। ऑरकिड्स का क्या है, वे तो मेरे बगीचे में उग रहे हैं।"

"इतना झूठ!"

"कतई नहीं। जब चाहो आकर देख लो। आजकल खूब फूल रहे हैं।"

"ऑरकिड?"

"जी हाँ।"

"तुम्हारे बगीचे में?"

"जी हाँ।"

"जमशेदपुर में?"

"हाँ-हाँ-हाँ।"

"कैसे? हवा में लटककर?"

"जी नहीं। मेरे बगीचे में झाऊ के तीन बड़े-बड़े पेड़ हैं। उन्हीं के तनों से लिपटकर।"

वह सोच में पड़ गया।

"छोटे-छोटे?" कुछ देर बाद उसने पूछा।

"हाँ।" मैंने कहा।

"मोतिया पंखुड़ियाँ और नीला-जामुनी दिल?"

"हाँ"

"ओह!" अब उसके स्वर में विश्वास झलक आया था।

"नन्हे-नन्हे सैकड़ों खिले हैं।" मैंने गर्व से कहा।

"ओह!" उसने कहा, "कैसे उगाती हो तुम उन्हें?"

"क्या मतलब? वे तो बस उग रहे हैं।"

"तुम्हें कुछ नहीं करना पड़ता?"

"नहीं। जब से मैं इस घर में आई हूँ तभी से खिल रहे हैं।"

"तुम्हारा मतलब, तुम जमशेदपुर शहर में अपने घर के बगीचे में ऑरकिड उगाती हो और कुछ करती भी नहीं उनके लिए?"

उसके स्वर में इतनी गहरी भर्त्सना थी कि मैं घबरा गई।

"क्या करना चाहिए?" मैंने कहा।

"तुम्हें पता है, ऑरकिड खिलाना कितना मुश्किल होता है?"

"नहीं।"

"तो पता करो।"

"अच्छा। पर जो उग आएँ, उनका क्या करूँ?"

"मेरे कफन के लिए खिलने दो।"

"और तुम न मरे तो?"

"तो हमेशा खिले रहने देना।"

"बस, यही करना होगा?"

"अब जब खिल ही आए तो क्या करोगी?"

सच, जब ऑरकिड ख़िल ही आए तो और क्या किया जा सकता है!

कैसे खिल आया...कमरे के गहराते झुटपुटे में? जरूर कहीं कोई भगवान है...या नियति...

वह ऑरकिड्स के नीचे दबा पड़ा है। उसके चेहरे का रंग ऑरकिड्स की तरह मोतिया है। बन्द आँखों के नीचे जामुनी छाया है। उसके ओंठ ऑरकिड्स के दिल की तरह नीले पड़ते जा रहे हैं।

चारों कोनों से रोने का शोर गूँज रहा है...

कौन रो रहा है?

मैं...मैं ही तो...

पर मैं शब्द नहीं कर रही...

रोदन फूट रहा है अदृश्य के ओंठों से...कमरे के कोनों में प्रतिध्वनित...

मेरी आँखों से अविरल आँसू बह रहे हैं। ओंठ काँप रहे हैं। शरीर फिर भी कुहनी के बल उठा हुआ है। गाल हथेली पर टिका है। आँसुओं की धार बहकर ओक में जमा हो रही है। पर बिलकुल मूक हूँ मैं। शब्द नहीं हैं मेरे पास।

मैं टक लगाकर उसके शव को देख रही हूँ। सब-कुछ खत्म हो गया। यह मोम की प्रतिमा नहीं, उसके जीवंत प्राणों का नश्वर प्रमाण है। ओ मानव, मेरे मानव...रिचर्ड-रिचर्ड-रिचर्ड!

उसने आँखें खोल दीं। कमरे में हरी लौ जगमगा उठी। अँधेरे को चीरती हरी लपट उठी और मुझे झुलसाकर अगाध शान्ति दे गई।

"गुड मॉर्निंग?" उसने फुसफुसाकर कहा।

मैंने सुन तो लिया। फिर भी...एकटक उसे निहार रही हूँ...आँसू अब भी अँजुली में जमा हो रहे हैं।

लेटे-लेटे उसने दोनों हाथ आगे बढ़ाए और मेरा चेहरा थाम लिया। धीरे से सिर ऊपर उठाया और अँजुली में भरे आँसू ओंठों से पी लिए।

सिर वापस तकिए पर डालकर उसने कहा, ''गुड मॉर्निंग!''

''गुड मॉर्निंग!'' अब मैंने भी कहा।

''इतनी नमकीन क्यों?''

''क्या?''

''यह सुबह।''

उसने अपने ओंठ मेरे ओंठों पर रख दिए। नमक ने मेरी जुबान पर झुरझुरी ला दी।

''है न?'' उसने कहा।

''हाँ।''

''क्यों?''

''मुझे लगा, तुम मर गए।''

''ऑरकिड्स के बगैर? कभी नहीं।''

''ऑरकिड्स भी थे।''

''रोती क्यों हो? जिला तो लिया तुमने मुझे। रोने का क्या काम! मैं तो हर रात मरता हूँ, हर सुबह जी उठता हूँ।''

''अब शाम है।'' मैंने कहा।

''गुड ईवनिंग।'' उसने कहा।

''मुझे जाना है।'' मैंने गमगीन आवाज में कहा।

''ओह...तब तो गुड नाइट कहना पड़ेगा।''

''बस...और कुछ नहीं?''

''और यह कि सुबह हो गई। अपने काम-धंधे से लगो। यह हनीमून नहीं है कि दिन-भर प्यार किया जाए।''

''तो क्या करूँ दिन-भर?''

''मुझे याद करो।''

''तब तो यह हनीमून ही है।''

''दो हफ्ते बाहर गुजार आईं, मन नहीं भरा?''

''हमारा हनीमून उम्र-भर चलेगा।''

''पर काम-धाम भी तो करना पड़ेगा।''

''इस उम्र को बीत जाने दो, तब करना।''

''दूसरी उम्र में?''

''हाँ।''

''ठीक है। आज से मैं पुनर्जन्म में विश्वास करने लगा हूँ।''

''शुक्र है। मैं तो डर गई थी, तुम कल ही न लौट जाओ।''

''कहा न, मैं पुनर्जन्म में विश्वास करने लगा हूँ। अब इस उम्र के बीतने पर ही लौटूँगा।''

''कितना वक्त लगेगा इस उम्र को बीतने में?''

''तुम बतलाओ?''

''दो हफ्ते और...नहीं...चार...प्लीज!''

''ठीक है। अभी मैं हूँ...कम-अज-कम चार दिन।''

''मैं कल आऊँगी...नहीं, आज रात...गुड मॉर्निंग।''

14

"बस, तीस साल और...फिर मैं तुम्हारे पास आ जाऊँगी।"

"बस, तीस साल?"

"बस।"

"तीस साल का क्या है! कुछ महीने ही तो होंगे।"

"हाँ। या कुछ हफ्ते।"

"हफ्तों में कुछ दिन।"

"या घंटे।"

"घंटों के मिनट।"

"या सैकिंड।"

"देखते-देखते कट जाएँगे।"

"हाँ, हर पल मैं कहूँगी...रिचर्ड-रिचर्ड-रिचर्ड...एक पल में तीन बार और पल बीत जाएगा।"

"और मैं कहूँगा...मनु-मनु-मनु-मनु...एक पल में चार बार और पल..."

"इसमें भी आगे रहना चाहते हो?"

"आगे तो हूँ ही। देखती नहीं, तुम्हारा नाम मुझसे छोटा है।"

"बस नाम।"

"और उम्र।"

"उससे क्या?"

"क्यों, जब तुम नहीं थीं तब भी मैं था। और जब मैं नहीं रहूँगा तब भी तुम...।"

"नहीं। वह मत कहो।"

"अच्छा, न सही। पर एक बात तय है। तीस साल में तुम सिर्फ साठ की होगी और मैं पैंसठ का।"

"सिर्फ पैंसठ। क्या हुआ? इतनी कुछ उम्र तो नहीं।"

"नहीं। और साठ। वह तो एकदम कम है।"

"हाँ।"

"वादा पूरा तो करोगी?"

"बिलकुल। साठ साल की औरत चाहे जो करे, लोकापवाद नहीं होता। कहाँ मिलोगे मुझे?"

"पेरिस में।"

"चलेगा।"

"खूबसूरत जगह है पेरिस। प्रेमियों के लायक।"

"पर हनीमून के लिए तुमने कहा था, मुझे हाँगकाँग ले जाओगे!"

"हाँ, जरूर। वहाँ भी चलेंगे।"

"तब तो...हुआ नहीं था।"

"हाँ...देरी हो गई थी।"

"कितनी...देरी... ?"

"ज्यादा नहीं! बस, दस साल की।"

"कैसे?"

"जानती हो, पहले-पहले मैं हिन्दुस्तान कब आया था?"

"कब?"

"दस साल पहले। तब तुम मुझे मिली होतीं तो हनीमून के लिए मैं तुम्हें हाँगकाँग़ ले जाता।"

"क्यों नहीं मिले हम?"

"जाने कहाँ रहती थीं तुम।"

"तुमने कायदे से ढूँढ़ा नहीं।"

"मेरी क्या खता! मैं तो हर शहर घूमा था।"

"दिल्ली भी?"

"हाँ।"

"कितने दिन रहे?"

"दो महीने।"

"बस...दो महीने?"

"हाँ।"

"किस मौसम में?"

"गरमियों की छुट्टियों में!"

"भला वह भी कोई मौसम हुआ!"

"क्यों? गरमियों में जन्नत नहीं मिलती?"

"नहीं। दो महीने बहुत कम हैं वहाँ पहुँचने के लिए।"

"सच...कितनी गलती हो गई।"

"तुमसे गलतियाँ बहुत होती हैं।"

"तो तुमने ही क्यों न कहला दिया?"

"क्या?"

"कि तुम दिल्ली में हो।"

"तुम ठहरे घुमक्कड़ आदमी। तुम्हारा पता कहाँ था मेरे पास!"

"किस्मत मेरी। दुनिया-भर में घूमता-घामता दिल्ली पहुँचा भी तो गरमियों में और सिर्फ दो महीनों के लिए। ठीक कहती हो तुम...दो महीने बहुत कम होते हैं जन्नत तक पहुँचने के लिए। उसके लिए चाहिए...तीस साल।"

"इस बार धोखा नहीं होगा। बाजी मेरे हाथ में है। मैं पहुँच जाऊँगी।"

"पेरिस...फिर...हाँगकाँग...इस्ताम्बूल...वियना...रोम...फ्लोरेंस...युगोस्लाविया... ग्रीस..."

"कितने पल होंगे हमारे पास?"

"असंख्य।"

"लोग भी कितने पागल हैं।"

"क्यों?"

"साठ साल की औरत चाहे जो करे, बातें नहीं बनाते।"

"क्योंकि...।"

"वे जानते नहीं।"

"कुछ तो जानते होंगे।"

"सिर्फ वे जो इस दौर से गुजर चुके हैं। तुम...समझते हो न?"

"बखूबी।"

"उम्र सिर्फ शरीर की बढ़ती है, मन की नहीं। मन से तीस साल बाद मैं वह हूँगी जो दस साल पहले होती।"

"जो अब हो।"

"जो अब हूँ। बिना जाने तुम जानते हो, दस साल पहले मैं क्या थी। तीस साल बाद क्या हूँगी। और वे लोग जानकर भी नहीं जानते।"

"...जैनी भी।"

"...महेश भी।"

"पैंसठ साल की उम्र में मैं जैनी के लिए ईर्ष्या का विषय नहीं रहूँगा।"

"साठ साल की होने पर महेश जानकर भी परेशान नहीं होंगे—मैं कहाँ गई, मैंने क्या किया।"

"तब...।"

"तुम्हारे पास आने में मुझे कोई रुकावट नहीं होगी।"

"जैनी कहती है—वह बर्दाश्त नहीं कर सकती, मेरे और उसके बीच कोई औरत आए। वह नहीं जानती, मेरे और उसके बीच के बीहड़ सुनसान में असंख्य आदमी-औरतें हैं।"

"वह भीड़ से नहीं डरती?"

"नहीं, भीड़ से उसे लगाव है।"

"भीड़ से कोई नहीं डरता।"

"ठीक कहती हो। डर इन्सान से होता है।"

"और लोगों का खयाल है, साठ-पैंसठ साल की उम्र में इन्सान, इन्सान नहीं रहता।"

"वे कुछ नहीं जानते। कुछ भी नहीं।"

"बूढ़ा सिर्फ शरीर होता है, मन नहीं।"

"और उसे पाने के लिए तीस साल का इन्तजार कुछ भी नहीं है।"

"बस, चन्द महीने।"

"या हफ्ते।"

"दिन।"

"या घंटे।"

"कुछ मिनट।"

"या सैकिंड।"

"तीस साल तक हम नहीं मिले तो वे निरापद हो जाएँगे। सोचेंगे, अब डर नहीं रहा।"

"हाँ, उनके लिए तीस साल बहुत लम्बे होते हैं।"

"जब हर पल हाथ से निकला रहे तो ऐसा ही लगता है।"

"मेरे लिए हर पल तुम हो...पर सुनो, मुझे पता कैसे चलेगा तुम हो...!"

"कहीं-न-कहीं तो हूँगा ही।"

"होगे न।"

"हाँ। साल में एक बार आकर अपना वादा पुख्ता कर जाया करूँगा।"

"आओगे...हर साल... ?"

"हाँ। एक बार।"

"आ सकोगे? दस हजार मील दूर से? कहाँ रहोगे तुम?"

"कहीं भी। यूरोप में या एशिया...या शायद कभी अफ्रीका में।"

"कम-अज-कम दस हजार मील दूर।"

"दस हजार मील क्या हैं, बस कुछ मीलों को जोड़।"
"हाँ...बस...कुछ मील...।"
"या फर्लांग..."
"बस, चन्द कदम।"
"हाथ-भर की दूरी।"

चन्द कदम...थोड़े-से पल...इतनी-सी दूरी...मन फिर भी चीत्कार क्यों कर रहा है...बराबर...

मैं जानती हूँ, रो मैं सिर्फ इसलिए नहीं रही क्योंकि वह नहीं रो रहा। और वह इसलिए नहीं रो रहा क्योंकि मैं नहीं रो रही...

कुछ पल...मैं कह रही हूँ...

चन्द कदम...वह कह रहा है...इतनी-सी दूरी...

पर...शरीर की एक-एक हड्डी गली जा रही है...

शरीर क्या है...मांस-हड्डी-त्वचा। रक्त-पानी-हवा। असली चीज तो मन है...

...फिर भी...त्वचा सिकुड़ रही है...मांस हाहाकार कर रहा है...रक्त पानी बन रहा है...साँस घुट रहा है।

शरीर जो ठहरा। यूँ ही उम्र बढ़ती है शरीर की।

तीस साल। सिर्फ तीस साल। फिर हम अपना हनीमून मनाएँगे।

एक साल बाद वह आएगा। एक साल...सिर्फ तीन सौ पैंसठ दिन।

तीन सौ पैंसठ दिन बाद मैं उसका मुँह देख पाऊँगी। अपना वादा दुहरा सकूँगी। उसका सुनूँगी...फिर बचेंगे केवल उनतीस साल। फिर अट्ठाईस...सत्ताईस...छब्बीस...पच्चीस...

हर साल, एक साल कम होगा...अनगिनत पल...

आज वह हिन्दुस्तान छोड़कर जा रहा है। बस कुछेक हजार मील की दूरी पर। ज्यादातर वह यूरोप में रहेगा या कभी अफ्रीका में। या हो सकता है, कुछ दिनों के लिए पास आ जाए...यहीं कहीं एशिया में...

आखिर फुग्गा मारकर मैं रो ही पड़ी।

पर...यह कुछ नहीं है...बस शरीर का रक्त पानी बनकर आँखों से बह रहा है...और कुछ नहीं...

15

महेश ने चाय का आखिरी घूँट भरा, सिगरेट जलाई और खुशमिजाजी से कहा, ''नौकरी छोड़ दी आज।''

''क्या! छोड़ दी?'' मैंने कहा।

''हाँ।''

''क्यों?''

''यूँ ही। बस तबीयत हुई। बहुत रह लिए जमशेदपुर।''

''कहीं दूसरी जगह पक्की हुई है?''

''नहीं तो!''

''बात चल रही है?''

''नहीं। और नौकरी करने का इरादा नहीं है।''

''फिर क्या करोगे?''

''देखें...कुछ अपना काम...।''

''अपना काम?'' कुछ ठहरकर मैंने पूछा, पुरानी बातें याद करके, ''फैक्टरी लगाना चाहते हो?''

''शायद।''

''उसके लिए पैसे की जरूरत होती है न?''

''हाँ।''

''कैसे मिलेगा?''

''देखेंगे...सरकार उधार देती है।...प्राविडेंट फंड में कुछ होगा...इधर-उधर से हो जाएगा...और न हुआ तो...।'' वह हल्के से हँसा, ''तुम्हारे जेवर बेच देंगे।''

मैं भी हँस दी।

''लगाओगे कहाँ?'' मैंने कहा।

''कहीं भी...देखूँगा...अभी तो कुछ दिन घूमकर आऊँगा।''

"और मैं?"

"दिल्ली चली जाना।"

"क्या! तुम दुनिया-भर में घूमोगे और मैं दिल्ली बैठकर तुम्हारे बच्चे देखूँगी!" मेरे मुँह से निकला।

महेश ने चौंककर मेरी तरफ देखा। कहा, "नहीं...चाहो तो तुम दुनिया-भर में घूम आओ, बच्चों को मैं देख लूँगा।"

"तुम? बच्चों के बारे में क्या जानते हो?"

"कुछ नहीं। पर इसीलिए क्या तुम्हें सब-कुछ जानना जरूरी है?"

"मैं औरत जो हूँ।"

"तो?"

"यह मेरा काम है।"

"किसने कहा?"

"वरना मेरे बच्चे क्यों होते?"

"इसलिए तो तुम्हारे बच्चे नहीं हुए।"

"फिर किसलिए हुए हैं?"

क्षण-भर महेश चुप रहा, फिर बोला, "जब हमारी शादी हुई तो तुम मुझे प्यार करती थीं और वह सब-कुछ करना चाहती थीं जो तुम्हारे खयाल से आम हिन्दुस्तानी औरत पति को खुश करने के लिए करती है।"

अब चौंककर मैंने महेश की तरफ देखा।

वह एकदम संजीदा था।

वैसे भी बिना कारण वह हँसता नहीं। उसकी हँसी का हमेशा कोई गहरा मतलब रहता है।

मुझे याद हो आया वह दिन, जब शुरू-शुरू में मैंने रिचर्ड को उससे मिलवाया था।

"यह रिचर्ड हचिसन हैं," मैंने परिचय करवाया, "और ये हैं मेरे पति...महेश गोयल।"

महेश सहसा हँस पड़ा था।

हम दोनों ने चौंककर उसकी तरफ देखा था।

"क्या हुआ?" मैंने दबी आवाज में पूछा था, "हँसे क्यों?"

उसने मुझसे कुछ न कहकर रिचर्ड की तरफ हाथ बढ़ा दिया था, कहा था, "मैं महेश हूँ, मिस्टर हचिसन, पति होना मेरा परिचय नहीं है।"

रिचर्ड भी हँस दिया था।

"मुझे रिचर्ड कहिए न!" उसने कहा था।

और मेरी तरफ रश्क के साथ देखा था। बाद में कहा भी था एक बार—इस पूरे हादसे में मुझे हमदर्दी सिर्फ महेश से है।

"...और तुम?" अब मैंने पूछा, "तुम क्या चाहते थे?"

"मैं तो तुम्हें प्यार नहीं करता था।" उसने उसी संजीदा आवाज में कहा।

कितने अचरज की बात है कि जिस बात को सुनने पर, दस साल पहले, मेरा हृदय हाहाकार कर उठता, अब एक स्थापित तथ्य की स्वीकृति की तरह मैंने सुन-भर ली है।

मैं हमेशा जानती रही हूँ...जब उससे विवाह किया था, तब भी जानती थी... महेश के लिए वह एक तयशुदा, सुनिश्चित विवाह से अधिक कुछ नहीं है। प्यार सिर्फ मेरी तरफ है, सिर्फ मेरी।

डर के मारे कभी उससे पूछा नहीं था, वह मुझे प्यार करता है या नहीं। कहीं उसने साफ-साफ कह दिया-नहीं! सच कह रहा है महेश। मैं चुपचाप उसे वह सब देने में जुट गई थी, जो मेरे खयाल से एक औसत पति, पत्नी से चाह सकता था। सुन्दर-सुचारू घर-गृहस्थी, साफ-स्वस्थ बच्चे, सजी-सँवरी-सुघड़ पत्नी। दोस्तों की भरपूर खातिरदारी, सामाजिक मेल-मिलाप। बहुत जल्दी हम दोनों गोरखपुर के उस छोटे शहर में आदर्श दम्पती की तरह मशहूर हो गए थे। शादी के फौरन बाद हम गोरखपुर रहते थे।

आठ साल तक मैंने एक दिन भी खुद को अपनी नजरों से नहीं देखा और शायद...महेश को भी नहीं।

हम छोटे शहर में रहे या बड़े में, समाज के औसत आदमी की दृष्टि में बनी समाज की दृष्टि ही मेरी दृष्टि बनी रही। उन दिनों तो दर्पण देखने पर भी मुझे अपनी सूरत नहीं, समाज की औसत औरत का अमूर्त रूप दिखता था। वही मेरा स्वरूप था...दिन-भर...पर...

कोई नहीं जानता था, शाम के झुटपुटे में जब महेश घर लौटता है, मैं साँस रोककर उसका मुख निहारा करती हूँ और वही प्रश्न, जो मैंने कभी पूछा नहीं, मुझे झिंझोड़ता रहता है—क्या महेश मुझे प्यार करता है? वैसे जैसे मैं करती हूँ...अच्छा, न सही वैसे, जैसे मैं करती हूँ, करता तो है? क्या बिलकुल करता ही नहीं?

"...तो तुम जानते हो?" मैंने कहा।

"हाँ।"

"तब भी जानते थे?"

"हाँ।"

“फिर तुमने मुझसे शादी क्यों की?”

महेश क्षण-भर चुप रहा, फिर बोला, “मेरी उम्र क्या थी जब हमारी शादी हुई?”

“बत्तीस साल।” मैंने कहा।

वह तनिक-सा हँस दिया।

“हर किसी के जीवन में प्रेम हो ही, यह जरूरी नहीं है।” उसने कहा।

“पर अगर हो...अगर हो तो?” कातर स्वर में मैंने कहा।

“तो होगा ही।” महेश ने कुछ अचरज के साथ मेरी तरफ देखकर कहा।

“अगर तुम्हारा किसी से प्यार होता?” मैंने कहा।

“तो उसी से शादी करता।”

“अगर अब हो?”

“तुम्हारे रहते?”

“हाँ।”

“किसी और से?”

“हाँ।”

“और जो तुमसे हो!” उसने कहा और फिर तनिक-सा हँस दिया।

“मेरे सवाल का जवाब दो। प्लीज, टालो मत। अगर विवाहित रहते हुए किसी और से प्यार हो? अगर तुम्हारा हो?”

“अगर हो...सचमुच हो...।” महेश देर तक सोच में डूबा रहा।

मुझे लगा, वह बहुत चाह रहा है, किसी तरह झूठ बोल दे...पर बोल नहीं पा रहा। मुझे याद नहीं, इन दस वर्षों में महेश ने कभी किसी बड़ी बात को लेकर झूठ बोला हो।

लम्बी कशमकश के बाद उसने धीमे पर स्पष्ट स्वर में कहा, “विवाह के बन्धन में मेरा विश्वास नहीं है, मनु!”

आँख उठाकर उसने मेरी तरफ नहीं देखा।

मेरी हिम्मत बढ़ गई।

“और जो मेरा हो?” मैंने कहा।

वह चुप रहा।

“बोलो न, अगर मुझे किसी से प्रेम हो?”

न जाने कितनी देर महेश चुप रहा। मुझे लगा, वह मेरा प्रश्न भूलकर कुछ और सोचने लगा है। आज ही तो नौकरी छोड़ी है। उसके पास सोचने को बहुत-कुछ होगा। जो आदमी यूँ सहसा लगी-लगाई, पक्की, ऊँचे ओहदे वाली नौकरी छोड़ सकता है वह...कुछ भी कर सकता है।

आखिर महेश ने चुप्पी तोड़ दी। उसी धीमे-संजीदा स्वर में कहा, "हो सके तो मुझसे कहना मत।"

रिचर्ड ने कहा था—"कनफैशन कायरता है।"

"पर तुम लोग तो कनफैशन करते हो।" मैंने कहा था।

"कैथोलिक्स।"

"तुम प्रोटैस्टैंट हो?"

"हाँ।"

"तुम्हारे लिए बाध्यता नहीं है?"

"नहीं।"

"जैनी से क्या कहोगे?"

"कुछ नहीं।"

"न कहना झूठ बोलना नहीं होगा?"

"होगा। पर कहना, अपनी व्यथा को दूसरे के सिर मढ़ देना, कायरता नहीं तो क्या है? जिसके प्रति अपराध हुआ हो, उसे सब कुछ बतला देना, गौरवान्वित अनुभव करके अपना अपराध कम करने की चाह से पैदा होता है। पर उसकी क्या हालत होगी, समझ सकती हो न? ईर्ष्या और असुरक्षा की भावना पल-भर भी शान्ति से नहीं जीने देगी।"

"तुम्हें यह अपराध लगता है? तुम्हारे मन में गिल्ट है?"

"नहीं।"

"क्यों नहीं?"

"शायद इसीलिए कि मेरे लिए तुम भगवान का अंश...नहीं...सम्पूर्ण ईश्वर बन गईं। तुम्हारे बिना मैं अपूर्ण हो गया।"

"तुम इसे भगवान के प्रति अपराध नहीं मानते? पाप नहीं है यह तुम्हारे लिए?"

"नहीं।"

"पाप क्या है?"

"जो मुझे पापी महसूस कराए।"

"तुम क्योंकि पापी नहीं हो इसलिए यह पाप नहीं है?"

"हाँ।"

"इसका मतलब पाप अपने प्रति होता है, भगवान के नहीं!"

"हाँ।"

"तुमने पाप नहीं किया क्योंकि तुमने मुझे अपनी इच्छा से चुना, पूरे होशोहवास

में खुद वह चुन लिया, जिसे पाप कहा जा सकता था?"

"हाँ।"

"पर समाज तो उसे पाप मानेगा?"

"समाज भगवान नहीं है।"

"और तुम हो?"

"मैं भगवान का रूप हूँ।"

"तो समाज भी है। तुम समाज के अंग हो।"

"भगवान ने व्यक्ति को अपने स्वरूप में गढ़ा है, समाज को नहीं।"

"तुम्हारा मतलब है, व्यक्ति ने बनाया है भगवान को, अपने रूप में?"

"तुम यह कह सकती हो, मैं नहीं । पर भगवान व्यक्ति का जन्म और मृत्यु निर्धारित करता है, उसकी इच्छा-शक्ति नहीं। बाइबिल में लिखा है, 'दाऊ मेएस्ट'—तुम कर सकते हो, चाहो तो।"

"यानी कर्म हम अपनी इच्छा से करते हैं?"

"हाँ।"

"तुमने मुझे अपनी इच्छा से चुना है?"

"हाँ।"

"तुम्हारे अन्दर कोई गिल्ट नहीं है?"

"नहीं।"

"तब रिचर्ड, तुम हमेशा मेरे साथ रहोगे।"

महेश उठकर मेरे पास आ गया। मेरे सिर पर अपना हाथ रख दिया। अब मेरे लिए उसका चेहरा देख पाना नामुमकिन था।

वह फिर हल्के से हँसा। निश्छल पर विषादपूर्ण हँसी।

"मेरे साथ बड़ी भारी विडम्बना घट गई है, मनु" उसने कहा, "शायद ठीक उसी समय जब तुमने मुझे प्यार करना बन्द किया...मैं तुम्हें प्यार करने लगा।"

क्या कह रहा है महेश?

हाँ...शायद...सच तो है...मेरी आँखें उधर देखें तब न।

रिचर्ड से मिलने के बाद मुझे मेरी निजी दृष्टि वापस मिल गई थी, पर मैंने उसे महेश की तरफ नहीं घुमाया था। वरना मैं देखे बगैर न रहती...बिलकुल सच कह रहा है महेश।

पर मैं...रिचर्ड...

मैं उसी को प्यार करती हूँ। उसी को।

मेरा मन हुआ, महेश की गोद में गिर पड़ूँ और उसे छाती से भींचकर जोर से

रो दूँ...मैं क्या करूँ महेश, मैं उसी को प्यार करती हूँ...रिचर्ड को...उसे...उसी को...वह यहाँ नहीं है...मेरे पास उसके पास जाने का कोई उपाय नहीं है। फिर भी मैं उसी को प्यार करती हूँ...उसी को।

और कोई समझे चाहे नहीं, महेश मेरी व्यथा अवश्य समझ जाएगा। वैसे वह जान गया था, विवाह के समय और फौरन बाद, मैं उसे प्यार करती हूँ और वह मुझसे प्यार नहीं करता? वह जरूर समझ सकेगा, जरूर। और...इसीलिए उसे बतलाया नहीं जा सकता।

मेरी आँखों से आँसू टप-टप कर मेरी गोद में गिरने लगे। पूरी संकल्प-शक्ति जुटाकर मैं किसी तरह सीधी-निश्चल बैठी रही, पर आँसुओं को रोक नहीं पाई। टप-टप कर वे गिरते ही रहे। मैं ओंठों को हथेली से दबाए उम्मीद करती रही कि जिस तरह मैं महेश का चेहरा नहीं देख पा रही, वह भी मेरा मुख नहीं देख पा रहा होगा।

महेश का हाथ अभी भी मेरे सिर पर था।

"दुख मत करना," उसने कहा, "शायद कोई भी इन्सान एक ही समय में एक-दूसरे को प्यार नहीं करते...जब एक करता है तो दूसरा नहीं और जब दूसरा करता है...देरी मुझसे हुई, मनु!"

मेरे आँसुओं में बाढ़ आ गई।

"पर असल बात प्यार करना है, प्यार पाना नहीं।" उसने शायद अपने से कहा, पर उसकी फुसफुसाहट मेरे कानों तक पहुँच गई।

दाँत भींचे मैं सीधी-निर्वाक् बैठी रही और आँसू रोकने की असफल कोशिश करती रही।

महेश ने मेरे सिर से अपना हाथ हटा लिया और बगल में पड़ी कुर्सी पर बैठ गया। सामने नहीं आया। मैं समझ रही थी, वह चाहता है, मैं जानकर भी अनजान बनी रहूँ कि उसने मेरे आँसू देख लिए हैं।

जब तक आँसू पूरी तरह थम न जाएँगे, वह अपेक्षा नहीं करेगा कि मैं उसकी तरफ देखूँ।

"अच्छा, एक बात बतलाओ।" उसने कहा, "अगर सब पति-पत्नी एक-दूसरे को प्यार करें, तो समाज का क्या हो?"

मैंने जवाब नहीं दिया। सम्भव नहीं था।

महेश खुलकर हँस दिया।

"अगर समाज में रहने वाले हर पति को अपनी पत्नी से प्यार होगा और हर पत्नी को पति से, तो समाज की भला कौन परवाह करेगा? बच्चों की परवरिश बन्द हो जाएगी। व्यापार-व्यवसाय ठप्प हो जाएँगे। राजनीति का भट्ठा बैठ जाएगा। बड़े-बूढ़े मर-खप जाएँगे। सभी स्त्री-पुरुष एक-दूसरे में डूबे रहेंगे और देश रसातल

को चला जाएगा। प्यार होने पर और कुछ नहीं सूझता, है न?''

मैं चुप रही। आँसू थम चुके थे, पर आवाज पर भरोसा नहीं था।

''हमारा समाज कितना सूझ-बूझ वाला है,'' उसी ने कहा, ''अपनी सुरक्षा का कितना बढ़िया उपाय ढूँढ़ निकाला है। तयशुदा ब्याह। है न? ठीक कह रहा हूँ न मैं?''

''ठीक कह रहे हो।'' मैंने कहा। गला जरा-सा थरथराया, पर मैंने उस पर काबू पा लिया।

कुछ देर बाद मैं इस स्थिति में आ चुकी थी कि अपनी तरफ से कुछ कह सकूँ।

''तुम...तुम्हारा कैसी फैक्टरी लगाने का इरादा है?'' मैंने पूछा।

''देखेंगे...'' उसने कहा, ''अभी तो एक प्याला गरम चाय और पिलवाओ।''

मैं ताजी चाय बना लाई।

उसे दी और जोशीली आवाज में कहा, ''सच, हम लोग बहुत रह लिए जमशेदपुर। अच्छा है और कहीं चलें।''

''हाँ। तुम्हें याद है, इससे पहले मैंने चार साल तक लगातार कोई नौकरी की है?''

''नहीं। पर एकदम ऐसे, एक दिन में छोड़ी भी नहीं।''

''हाँ...गहरा जमा खूँटा झटके से उखड़ता है।''

''अब हम कहीं भी जा सकते हैं?'' मैंने कहा।

''कहाँ रहना पसन्द करोगी तुम?''

कहीं भी, मेरे ओंठों तक आया तो मैंने वाक्य वापस नीचे धकेल दिया। नहीं, यह नहीं कहा जा सकता। महेश जानता होगा, मेरे लिए कहीं भी रहना एक समान है, इसीलिए कहा नहीं जा सकता। मैं चाहे जमशेदपुर में रहूँ, चाहे गोरखपुर, चाहे कानपुर, बम्बई, मद्रास, मोदीनगर...एक ही बात है। इन सब जगह हम रह चुके हैं। नौकरी, महेश, ऐसे छोड़ता-पकड़ता रहा है जैसे ताश का पत्ता। हाँ, किस्मत का धनी है...बाजी हमेशा उसके हाथ रही है...ताश की जरूर...पर...

तो फिर...कोई नई जगह...कलकत्ता...हैदराबाद...बैंगलोर...

''बैंगलोर,'' मैंने कहा, ''बैंगलौर बहुत अच्छी जगह है।''

''क्या अच्छा है?''

''...खुला-खुला है...फूल बहुत हैं...मौसम बढ़िया है...गरमी नहीं पड़ती...सरदी भी नहीं।''

महेश मुस्कराया।

''ऐसी जगह क्या रहना जहाँ मौसम तक न बदलता हो।'' उसने कहा।

''तो...हैदराबाद?'' मैंने कहा।

"हैदराबाद?" उसने हिकारत से कहा।

"दिल्ली," मैंने कहा, "दिल्ली रह सकते हैं।"

"हाँ। वहाँ मौसम हरदम बदलता रहता है।"

"हाँ...वही तो...।" मैं अनमनी हो चली थी।

"अच्छा, एक प्याला चाय और पिलाओ।" महेश ने कहा।

"चाय...बनाती हूँ।" मैं तत्परता से उठकर खड़ी हो गई।

"ऊटी चलोगी?" उसने कहा।

"चलो।" मैंने फौरन कहा।

"कहाँ?"

"कहाँ कह रहे थे तुम?"

"ऊटी।"

"ऊटी...हाँ, अच्छी जगह है रहने के लिए।"

"रहने के लिए नहीं, घूमने के लिए।"

"कब चलना है?" मैंने कहा।

"तुम किसी चीज को मना क्यों नहीं कर रहीं?" महेश ने धीमे से कहा।

उसके स्वर ने मुझे बेतरह हिला दिया।

"नहीं तो," मैंने जोर देकर कहा, "वह तो...कोई बात मना करने वाली हुई जो नहीं...ऊटी चलें तो..."

"छोड़ो," उसने कहा "चाय बना लाओ।"

16

आज दुपहर को महेश खाना खाने घर आ गया।

मैं चौकन्नी हो गई। खाना परोसते हुए बराबर उसे देखती रही। अपने खयालों में डूबा वह धीरे-धीरे खा रहा था। खूब चबाकर, आराम से। यह उसकी आदत है। खाते हुए वह बोलता नहीं। वैसे भी कम बोलता है, पर कोई दैहिक क्रिया करते हुए एकदम चुप्पी साध लेता है।

वह खा रहा था और मेरे लिए यह पता लगाना मुश्किल था कि आगे वह क्या करेगा...

मैं खाना परोसती रही। खुद नहीं खाया। उसने खयाल नहीं किया। आदत की बात है। मैं इतनी बार बिना खाए रह जाती हूँ कि मेरा न खाना अनदेखा रहता है। जब दिमाग चौकन्ना हो तो खा पाना मेरे लिए असम्भव है। तभी न आजकल मेरा शरीर सोया रहता है...ज्यादातर।

पर शरीर अकेला हमारा नहीं है। एक मन भी है हमारे पास और दिमाग भी। दोनों शरीर पर हुक्म चलाते हैं। आधिपत्य जमाने के लिए एक-दूसरे से लड़ते हैं और शरीर बेचारा चुपचाप पास खड़ा लड़ाई के नतीजे की बाट जोहा करता है। लड़-झगड़कर वे शान्त हो जाते हैं...कुछ देर के लिए...एक की जीत हो जाती है। शरीर बेचारा समझ जाता है, उस दिन किसके आदेशों का पालन करना होगा।

मेरा शरीर आजकल बहुत आलसी हो गया है। हरदम सोया-सोया रहता है। फिर भी मन के आदेशों का पालन करने से नहीं चूकता।

...मैं अपने कमरे में बैठी खत लिखा करती हूँ। पाँच साल में न जाने कितने लिख चुकी।

एक दिन किसी ने मेरी कविताओं को खत समझकर फाड़ डाला था। अब शायद मेरे खतों को लोग कविताएँ समझें...इन्हें पढ़ेगा कौन...

मेरा दाहिना हाथ दमदार है। मन के निर्देश पर कलम पकड़कर तेजी से कागज पर दौड़ जाता है। बाकी शरीर आराम से सोया रहता है। दाहिने हाथ के अलावा मुझे शरीर के किसी हिस्से का ज्ञान नहीं रहता।

मेरा शरीर कई हिस्सों में बँट चुका है और वक्त के मुताबिक मैं वही हिस्सा बन जाती हूँ जिसकी उस समय जरूरत हो...

...महेश खाना खा चुका। मैं इन्तजार कर रही हूँ...वह खाना खाकर कुछ देर आराम करेगा या...उसी पर निर्भर करता है सब...

महेश ने हाथ-मुँह धो लिए...चलने की तैयारी में है...थका नहीं चुस्त दिख रहा है।

मैं उसे दरवाजे तक पहुँचाने आई हूँ।

दरवाजा खोलने के लिए उसने हाथ बढ़ाया, फिर पलटकर मुझे देखा...या मुझे, मेरे सामीप्य को अनुभव भर किया। दरवाजे की तरफ घूम गया और मुझे आलिंगन में ले लिया। मैं उसके सीने से जा चिपकी। उसके दोनों हाथ खाली हो गए। बिना झिझक मेरे उरोजों पर आ टिके। स्वामित्व-भरे लाड़ से उसने उन्हें दबोच लिया।

मैं समझ गई, आज रात महेश मुझे प्यार करेगा।

उसी क्षण से मैं शरीर में तब्दील होने लगी।

महेश ने कुछ कहा नहीं, न दुबारा मेरी तरफ देखा। मेरे स्तनों पर उसके हाथों का दबाव कम हो गया। मुझे अपने से अलग करके वह दरवाजा खोलकर बाहर चला गया।

लम्बे अनुभव से मैं पहले जान जाती हूँ, किस रात महेश मुझे प्यार करेगा...तभी से उस दिन के लिए मैं सिर्फ शरीर बन जाती हूँ।

तीसरे पहर मैं नहाने के लिए गुसलखाने में घुस गई।

आज बहुत समय है मेरे पास। आज मैं खत नहीं लिख रही।

कपड़े उतारकर मैंने अपने शरीर को परखा। वाकई मेरा शरीर अभी जवान है...शायद सुन्दर भी...हाँ, जरूर...शरीर का सौन्दर्य जवानी से होता है।

मैंने अपने शरीर को धोना शुरू किया। अनमने भाव से लोटे भरकर बाल्टी से पानी नहीं उलीचा। पानी डालते-डालते हाथ रोककर नए खत का मजमून भी नहीं सोचा। मेरा दिमाग पूरी तरह शरीर को धोने में मशगूल रहा। मैं अपने शरीर को उसी मनोयोग और व्यस्तता से साफ कर रही हूँ, जैसे महेश हर रविवार को अगले हफ्ते के इस्तेमाल के लिए अपनी गाड़ी धोता है।

नहीं, महेश से कहीं ज्यादा सतर्क हूँ मैं। ऑपरेशन से पहले मरीज की सफाई करती नर्स की तरह।

रेजर में ब्लेड लगाकर मैंने अपनी देह के तमाम बाल साफ कर दिए।

झाँवे से रगड़कर पैरों को चमका डाला। तलवे-पंजे और एक-एक नाखून। रगड़ खाकर मेरे पैर सफेद...फिर गुलाबी हो गए। एक जोड़ी नन्ही गौरैया की तरह।

मुझे अपने पैरों पर खुद प्यार आ गया। डरते-डरते मैंने मुलायम, गुलाबी तलवों को छुआ, फिर गदराए मोतिया पंजों को, एक-एक मासूम अँगुली को।

हल्की-सी गुदगुदी महसूस हुई। मैं धीरे-धीरे उन्हें सहलाने लगी...गुदगुदी गहराकर चिनचिनाने लगी। पोरों में बसा दर्द चस-चसकर बाहर बहने लगा...

मेरा मन हो आया, कोई उन्हें हाथों में भींचकर चूम ले...

...नहीं, मैं लक्ष्यच्युत नहीं हुई। मैं जानती हूँ, मेरी देह में सिर्फ पैर नहीं, और भी हिस्से हैं और हर हिस्से का अपना उपयोग है।

मैंने अपने पैरों को उनकी किस्मत पर छोड़ दिया।

मेरे हाथ देह के हर हिस्से को साबुन मलकर धोने लगे...एक भी हिस्सा आक्रमण से बचकर निकल नहीं पाएगा...मेरा दिमाग चौकीदारी पर तैनात है। वह सख्ती से अपनी ड्यूटी निभाएगा, तब तक, जब तक मैं पूरी तरह से शरीर में तब्दील न हो जाऊँ।

महेश के हाथ मेरे उरोजों को मसल रहे हैं।

उसके हाथ सुन्दर हैं और समर्थ। गदराई चौड़ी हथेलियाँ। लम्बी-पतली कलाकारों जैसी अँगुलियाँ। पर...महेश तो कलाकार नहीं, उद्योगपति है। चाहता तो कलाकार बन सकता था...हाँ, जरूर...अगर ऐसे ही उसकी अँगुलियाँ सितार पर दौड़तीं तो कैसा उन्माद-भरा संगीत फूट पड़ता!

पर अब...मैं वह साज हूँ जिस पर उसकी अँगुलियाँ रियाज करती हैं। नहीं, मैं नहीं, मेरे उरोज...

...अगर मेरा शरीर एक उरोज होता—एक दीर्घकाय, विशाल, गुदगुदा उरोज। ग्लोब की तरह गोल। महेश उस पर पसर जाता। उसके हाथ-पाँव और ओंठ एक साथ उससे खेलते, उसे मसलते, उसे चूमते। चूचुक को ओंठों में दबोचकर वह हाथों से बाकी उरोज को मसलता और तब उसका निष्ठुर-से-निष्ठुर आघात भी वह सह लेता। आकार के साथ उसकी उत्तेजक शक्ति भी बढ़ जाती न? महेश के हाथों की अँगुलियों के नीचे वह प्यानो की तरह बज उठता। उन्मत्त-विक्षिप्त संगीत से कमरा भर जाता...मैं बस एक विशाल उरोज होती...

...महेश के ओंठ मेरे ओंठों से हटकर उरोज पर आ जाते—उसकी अँगुलियों का हाथ बँटाते। मुझमें चेतना का विस्फोट हो जाता है। मैं उन्माद से सिसकार उठती। मेरा उन्माद महेश को छू जाता। उसके ओंठ स्तनाग्र पर कस जाते, अँगुलियाँ उस विशाल उरोज को मथ डालने को क्रूर हो उठतीं और...बहुत पहले वह मेरे भीतर

प्रवेश कर जाता...

अब उसके ओंठ मेरे ओंठों पर हैं। अपनी जबान से उसने बन्द दरवाजा खोल लिया है और मेरी जबान पर कब्जा कर लिया है। मेरी जबान के तंतु चिनचिना रहे हैं...मैं सिर्फ जबान हूँ!

पर...उसके हाथ मेरे स्तनों पर हैं। दो अँगुलियाँ सिमटकर स्तनाग्र को दबोच लेती हैं और मसलकर झटक देती हैं। मैं जानती हूँ...बस, जरा देर में वह उसे ओंठों में समेट लेगा।

वह चाहता होगा, उसके तीन जोड़ी ओंठ हों। एक मेरे होंठों पर रखे, एक-एक उरोजों पर। या दोनों चूचुक एक साथ एक जोड़ी ओंठ में दबोचकर, तीसरा ओंठ मेरी टाँगों के बीच उन ओंठों पर रख दे, जो इस समय भी उसके आगमन की प्रतीक्षा में तिरमिरा रहे हैं। पर उसके पास सिर्फ एक जोड़ी ओंठ हैं, जो इस वक्त उसकी जबान का साथ दे रहे हैं।

अगर मेरा शरीर एक विशाल उरोज होता तो उसे यह दिक्कत न होती। उसके ओंठ और अँगुलियाँ एक साथ मुझे खगोरते।

मेरी आँखें बन्द हैं, पर शरीर जगा हुआ है। उसके हर स्पर्श को पढ़ रहा है। आँखों से देख पाना कठिन है। कमरे में अँधेरा है। मैं उसकी शुक्रगुजार हूँ। पर मेरा शरीर उस खेल के एक-एक दाँव-पेच से वाकिफ है, जो उस पर खेला जा रहा है।

प्यार करना खेल है, कला है, जरूरत है, शरीर की माँग है!

प्यार होना...बेवकूफी है?

मेरा शरीर स्वयं चेतना है, एहसास है। उस नक्काशी को अच्छी तरह पढ़ सकता है जो उस पर खुदती जा रही है। नक्काशी के फूल तराशने में उसका भी हाथ है। वह उत्तेजना का पुंज है। वह मेरा शरीर...वही मैं हूँ...

न जाने कब मैंने महेश को बाँहों में भींच लिया और उसकी गर्दन और बाँहों पर अपनी जबान और ओंठों से लाल-नीले-बैंजनी फूल गोद दिए...

मेरी आँखें बन्द हैं...साफ सुन पा रही हूँ...अपने कमरे में...घुंघरुओं की खनक...तबले की थाप...गजब की संगत है...लय-ताल क्षणांश को भी टूटती नहीं। जब भी मैं महेश के साथ होती हूँ, यही आवाज मुझे सम्मोहित करती है...वे लोग शरीर हैं, केवल शरीर। पैसे के लिए शरीर बेचती हैं। पैसे हाथ में आने के बाद सब-कुछ भूलकर शरीर-साधना करती हैं। संगीत और नृत्य-साधना भी।

...शरीर ही संगीत है, शरीर ही नृत्य। शरीर ही ईश्वर है, शरीर ही आराधना। शरीर ही चेतना है, शरीर ही विस्फोट। शरीर के बन्धक रहने पर मन-मस्तिष्क नगण्य हैं, पर शरीर लालची नहीं है। अपना प्राप्य पा लेने पर शान्त हो जाता है।

जब शरीर अपना ऋण चुका देगा, तमाम बकाया अदा कर देगा तो मुक्त कर

दिया जाएगा। फिर चाहे तो चैन से सो रहे...अगली वसूली के दिन तक।

मेरे शरीर के हर हिस्से को महेश की देह का कोई हिस्सा स्पर्श कर रहा है। मेरी देह अभी भी हिस्सों में बँटी हुई है, पर इस सम्पूर्ण स्पर्श ने पल-भर के लिए उसे जोड़कर एक कर दिया है। मैं शरीर हूँ और वह महेश का स्पर्श...महेश की देह...

मेरी और उसकी देह के अलावा कमरे में तीसरा कोई नहीं है—रोशनी तक नहीं। आँखें खुली रखो या बन्द, अँधेरा कायम रहता है। फिर भी बन्द ही हैं आँखें। चेतना के प्रवाह में दृष्टि कहीं बाधक न हो।

महेश ने मेरी देह में प्रवेश कर लिया है। पुरुष और स्त्री का सम्भोग...कुछ नहीं है यह...महज एक गड्ढे को भर देने की उत्कट लालसा, जो हर मानव को विरासत में मिली है...

हमारे शरीर एक होकर बिस्तर पर पड़े छटपटा रहे हैं, तिलमिला रहे हैं, पसीने में लथपथा रहे हैं कि आवेग की विद्युत लहरें हमें छुएँ और हम शॉक खाकर, एक लम्बी सीत्कार के साथ जड़ हो जाएँ।

महेश सो जाए और मैं अपने अधजगे शरीर को अलग झटककर आँखें खोल लूँ...

कमरे का अँधेरा सुकूनदेह है...शरीर तो खैर सो ही जाएगा...गुसलखाने मैं जाऊँ, सब-कुछ धो डालूँ...नीले निशानों का क्या है, दो-चार दिन में खुद-ब-खुद मिट जाएँगे...

17

नहीं, अब कभी उसका खत नहीं आएगा। दो बरस बीत गए। दो और बीत जाएँगे। फिर दो और...नहीं, अब उसका खत नहीं आएगा।

बार-बार मेरे मन में यही उबल रहा है।

रसोईघर में गैस जल रही है। लपट तेज है। घी की कड़ाही आग पर रखी है। घी तड़क रहा है।

नहीं, अब और उसके बारे में नहीं सुन पाऊँगी। वह कहाँ है, मैं नहीं जानती... बँगला देश, इजराइल, वियतनाम, कोरिया, लेबनान...कहीं भी हो सकता है—जहाँ कहीं उसकी जरूरत हो। जहाँ कहीं भी एक नहीं, अनेक प्राणी यंत्रणा की आग में जल रहे हों। वह कहाँ है, अब मैं नहीं जान पाऊँगी। वह...नहीं...है...मैं नहीं जान पाई तो?

गरम घी से धुआँ उठ रहा है। मैंने गैस धीमी कर दी है।

एक-एक हड्डी तड़क रही है बदन की। जलकर हर नस धुआँ फेंक रही है। आँच धीमी करने की कोई राह नहीं है।

काश, मैं काफ्का के ग्रेगोर की तरह एक कीड़ा बन सकती। तब कोई मेरे दरवाजे पर आकर दस्तक न देता, कोई चौखट लाँघकर भीतर कदम रखने की हिम्मत न करता। लोग आते, दबे पाँव मेरे सामने से गुजर जाते, आवाज तक न करते कि कहीं भीतर न आना पड़ जाए। आपस में बातें भी करते तो फुसफुसाकर। मेरा मन होता, सुन लेती। न होता तो नहीं। मुझसे बातें करने मेरे करीब कोई नहीं आता। मैं पड़ी रहती, कमरे में किसी अँधेरे कोने में या सोफे के नीचे, लोगों की नजरों से परे, कोई नजर उठाकर मेरी तरफ न देखता...काश कि पहली नजर में ही मैं लोगों में जुगुप्सा पैदा कर पाती...यह सुन्दर दीखने का ढोंग न करना पड़ता।

लौकी मैंने घिस ली है। बेसन मिला रही हूँ। कोफ्ते बनाने हैं। आज शाम सास-ससुर, देवर-देवरानी, जेठ-जेठानी, ननद-ननदोई खाने पर आ रहे हैं। कितने लोग हुए? आठ। और बच्चे? चार जेठानी के, तीन ननद के, दो देवर के। कुल नौ। हम दो। हमारी दो बच्चियाँ। पूरे जने हुए इक्कीस। कोफ्ते बनेंगे, कम-अज-कम...तीन

फी आदमी...नहीं, दो भी चलेंगे...पूरे समझ लो साठ। तो थोड़ी लौकी और घिसूँ...घिस लेती हूँ...बेसन, लगता है, कुछ कम रहा, कोफ्ते टूट जाएँगे। और मिला लेती हूँ। सख्त न हो जाएँ...बस काफी हैं...शायद। एक भूनकर देखूँ...चलेगा...नहीं, जरा-सा बेसन और मिला लेती हूँ...फेंट लूँगी तो सख्त नहीं होंगे...ओह, नमक भी तो पड़ेगा, और हाँ...मिर्च तो भूल ही गई। महेश और शालू-पारुल मिर्च नहीं खाते तो क्या हुआ, ननद-ननदोई तो खूब खाते हैं। देवर-देवरानी बिलकुल नहीं। कम डालूँगी तो ननद कहेंगी जरूर, ''मिर्च तो हैं ही नहीं।''

वे नहीं कहेंगी तो सुरेश जी कह देंगे (ननदोई हैं)—मजाल है कोई बात अनदेखी निकल जाए या अनकही। फौरन कहेंगे, ''बिना मिर्च खाना किस काम का? इससे तो आदमी घास चबा ले।''

मिर्च ज्यादा हुई तो देवर—सुनील—जोर से खाँसेगा। नाक-मुँह का पानी रोकता हुआ दो-एक बार भीतर तक खींचकर सुड़केगा, फिर रूमाल निकालकर चेहरा पोंछेगा। मुँह पर हाथ रखकर शालीनता का परिचय देगा और पानी का गिलास छलकाता, जल्दी-जल्दी, गट-गट, सटक जाएगा। तब जाकर जबान खोलगा :

''क्या कर दिया आज भाभी! सारा मुँह जल गया। कोफ्तों में तो मिच-ही-मिर्च भरी पड़ी हैं।''

''मिर्च? कोफ्तों में?'' सुरेश जी कहेंगे, ''कहीं भी नहीं। मिर्च का तो नामोनिशान नहीं है।''

''हाँ, मिर्च तो जरा भी नहीं है।'' ननद सुधा अनुमोदन करेंगी।

''भई, हमसे तो खाई नहीं जाती इतनी मिर्चें। इन्हें तो बिलकुल आदत नहीं है।'' देवरानी कान्ता कुछ तुनककर कहेंगी।

''लो भला, दिल्ली वाले तो इतनी मिर्चें खाते हैं, तुम कैसे नहीं खातीं?'' कानपुर वाली जेठानी ममता टोकेंगी।

''कानपुर में जैसे कम खाई जाती हैं।''

''खाते तो हैं उधर वाले भी, पर दिल्ली वालों की तरह नहीं। और अपना तो असूल यह है, जैसा मिला खा लिया। मिर्च हो तो ठीक, न हो तो भला। और हमारे ये तो इतने सीधे हैं कि मिर्च तो मिर्च, नमक तक का पता नहीं चलता। खाने के बीच में खड़काओ भी—क्यों जी, नमक ठीक है, तो कह देंगे—हाँ। वह तो जब खुद खाने बैठो तब जाकर पता लगेगा कि लो, नमक तो आज याद से रह ही गया।''

इतने लम्बे लैक्चर से बिफरकर देवरानी, कोफ्ते की कटोरी, देवर की थाली से बाहर सरका देंगी, कहेंगी, ''रहने दो, कहीं तबीयत न बिगड़ जाए। दही से खा लो।''

''लो, मिर्च से भला क्या तबीयत बिगड़ती! आपको पता नहीं, दिल्ली की तो

आबोहवा ही ऐसी है कि बिना मिर्च खाए खाना हजम नहीं हो सकता। गैस बनती रहती है दिन-भर पेट में।'' सुरेश जी फौरन कहेंगे।

फिर आठों प्राणी दो खेमों में बँट जाएँगे—मिर्च के फायदे-नुकसान को लेकर। बच्चे कभी इस खेमे में, कभी उस खेमे में। महेश बेचारा बीच-बचाव करता, युनाइटेड नेशंस का नुमाइंदा!

तो...रहने दूँ मिर्च...या बीच की मिकदार की डाल दूँ...शायद दोनों खेमे खुश रहें...असम्भव! होगा यही कि दोनों खेमे नाराज हो जाएँगे...ठीक भी है...तब तो तय करना ही मुश्किल हो जाएगा कि मिर्च हैं भी या नहीं।...तो बिलकुल डालूँ ही नहीं? सुरेश जी का बिचका मुँह याद करके झुरझुरी आ गई...चलो, डाल देते हैं थोड़ी... देखा जाएगा...वाक्-युद्ध का मजा लेंगे...

...पहला कोफ्ता लाल होकर कड़ाही से निकल आया।

दूसरा...अन्दर...फिर तीसरा...चौथा...पाँचवाँ...छठा...छन-छन...छनन-छनन... गरम घी चीख-चीखकर प्रतिवाद कर रहा है। उछल रहा है। पर कड़ाही के भीतर कैद है। कोफ्तों पर सिर पटककर रह जाता है। कोफ्ते खूब करारे भुन रहे हैं।

अगर यह गर्म घी से भरी कड़ाही—पूरी की पूरी—मेरे ऊपर उलट जाए! मेरा समूचा बदल जलकर एक बड़ा, काला फफोला बन जाएगा।...ग्रेगोर कीड़े से भी वीभत्स। कुछ देर फफोला तड़पेगा...फड़फड़ाएगा, छटपटाएगा; फिर स्थिर हो जाएगा। एक फफोले की मौत। नगण्य पर वीभत्स। घिन के मारे कोई पास नहीं आएगा।

नहीं...कड़ाही भला क्यों उलटेगी? अब तक नहीं उलटी तो अब क्यों उलटेगी...अब तो मैं चालीसवाँ कोफ्ता भून रही हूँ।

फफोले की मौत निश्चित है...कीड़े की भी। अगर मैं काफ्का के ग्रेगोर की तरह कीड़ा बन पाऊँ तो अनेक पतली-पतली टाँगों पर जमीन पर पड़ी रहूँ। अपने कमरे के अँधेरे कोने में। कोई मुझसे यह उम्मीद न करे कि मैं रसोईघर में आकर कोफ्ते भूनूँ या बैठक में किसी मेहनत का स्वागत करूँ। मेरी टाँग लौकी से छू-भर जाए तो उसे उठाकर फेंक दिया जाए। उस दिन कोफ्ते न बन पाएँ। कोई खाना खाने हमारे घर न आए। वैसे ही कौन झाँकेगा घर के भीतर? मैं बिना रोक-टोक अपने कमरे के अँधेरे कोने में पड़ी रहूँगी और धीरे-धीरे शरीर त्याग दूँगी।

ग्रेगोर को उसकी बहन खाना लाकर देती थी। सुबह-शाम। मुझे कोई नहीं देगा लाकर। एक दिन भी। एक बार भी।

मेरा मूल्य मेरे खूबसूरत जिस्म से है।

एक बार फफोला बन जाऊँ या कीड़ा, तो धीरे-धीरे आराम-तसल्ली के साथ होशोहवास से बेहोशी की तरफ बढ़ूँ और शरीर त्याग दूँ।

सारे कोफ्ते भुन गए। अब रसा बना लेती हूँ। प्याज भून लूँ...फिर टमाटर डाल दूँगी...नहीं-नहीं, प्याज कैसे? सास जी हमारी प्याज खाती कहाँ हैं? सख्त परहेज है। घर में घुसते ही पूछेंगी, "अरे प्याज-व्याज तो नहीं गेर दिया सब्जियों में?"

नहीं, प्याज नहीं, छौंक देती हूँ हींग-जीरे से। नहीं-नहीं, भूल गई, सुरेश जी होमियोपैथिक दवाई खाते हैं। हींग की सख्त मनाही है। वह तो दरवाजे से ही सूँघ लेंगे हींग। भीतर घुसते ही कहेंगे, "अरे भाभीजी, तमाम इलाज अकारथ हो गया। क्या कर दिया आपने? खाने में हींग डाल दिया!"

चलो...सिर्फ जीरे से बघार सही।...जेठानी ममता कहेंगी तो जरूर, "वाह, कोफ्ते तो गंगाजल में डुबकी लगा रहे हैं। सच, बिना प्याज, सब्जी बेकार है और भला कोफ्ते बनाने की क्या तुक थी?"

बात तो ठीक है, पर अब क्या करूँ? पहले खयाल नहीं आया। अब तो बन चुके कोफ्ते—साठ-के-साठ।

चलने दो...डबल रोटी का चूरा डाल देती हूँ रसे में...गाढ़ा हो जाएगा।

ननद सुधा कहेंगी तो, "कुकरी की किताब में पढ़कर खाना पकाने में यही खतरा है...कोफ्तों की ब्रेड-पुडिंग बन गई।"

बड़ी तेज नजर है उनकी।

खूब सुगंध उठ रही है रसे से। असली घी की। हमारी सास जी वनस्पति घी छूती तक नहीं, खासकर दावतों में। जिस दिन उन्हें आना होता है, असली घी का नया डिब्बा खरीदा जाता है और उनके जाने के बाद ताक में उठाकर रख दिया जाता है—पुनरागमन की प्रतीक्षा में। आज ही नया डिब्बा खुला है। सुगन्ध से रसोईघर महक रहा है।

मुझे मतली आ रही है। सिर में घुमेर उठ रही है। सब खाया-पिया बाहर आने को हो रहा है। किसी तरह दाँत भींचकर मैं उलटी भीतर घोंटे, असली घी की सुगन्ध बर्दाश्त कर रही हूँ।

तो...क्या मैं कीड़े में तब्दील होने लगी? असली घी की सुगन्ध मुझसे बर्दाश्त क्यों नहीं हो रही...

अभी मीठा बनाना बाकी है। छैना पायस बना डालूँ...आसान है...स्वादिष्ट भी। पर...नहीं...सासजी कहेंगी, "ये नए-नए नुस्खे हमारी समझ में तो आते नहीं। बंगाली खाते होंगे छैना-शैना। बनियों के घर में तो कभी सुना नहीं। हद-से-हद बहुत हुआ तो पनीर को भूनकर सब्जी बना ली।"

तब छोड़ो। सीधे-सीधे चावल की खीर बना डालती हूँ। ननद कहेंगी भी तो क्या है, सुन लेंगे। बिना कहे छोड़ेंगी नहीं :

"भाभी, इतना पढ़-लिखकर, इतनी किताबें बाँचकर भी बनाई चावल की खीर। वही ढाक के तीन पात। अपने यहाँ तो आए इतवार को बन जाती है। मैंने तो सोचा था, भाभी कोई नई चीज बनाएँगी तो मैं भी सीख लूँगी।"

तो...ऐसा करूँ...सेंवई की खीर बना लूँ।

धत्! सेंवई की खीर तो देवरानी शान्ता मुँह में ही नहीं देंगी।

"घिन आती है हमें तो। मरे क्या कीड़े-कीड़े-से!"

काश, मैं काफ्का के ग्रेगोर की तरह कीड़ा बन सकती। घिन आती सबको मुझसे। कोई मेरे पास न फटकता। पड़ी रहती मैं कमरे के अँधेरे कोने में। अपने में मग्न। व्यस्त। अपने खयालों में मशगूल।

उसका खत अब कभी न आया तो... ? करने को क्या रहेगा मेरे पास ? सोचने को इतना सब...अकेले कमरे के अँधेरे कोने में...चुपचाप...ध्यानमग्न...समाधिस्थ...

18

मैं आईने के सामने खड़ी अपना चेहरा सँवार रही हूँ। मेरे चेहरे का रंग पीलापन लिए हुए है। पारदर्शी पीलापन। जब भी मैं किसी दावत में जाती हूँ तो यह पारदर्शी पीलापन मिटा डालती हूँ।

यह पीलापन सिर्फ मेरे चेहरे पर नहीं भीतर भी है। मैं नहीं चाहती, उसकी पारदर्शिता यहाँ तक बढ़ जाए कि मेरा मन सबके सामने नंगा हो जाए।

आज महेश के एक जानकार के यहाँ पार्टी है। महेश की तरह वह भी लघु उद्योगपति है। युवा लघु उद्यमकर्ता संघ का सदस्य। उसे सरकार की ओर से पुरस्कार मिला है। सर्वाधिक उत्पादन यानी सर्वाधिक लाभ के लिए। अच्छा काम है लघु उद्योग चलाना। सामाजिक अपराध बोध से आदमी बचा रहता है। लघु शब्द बड़ा करामाती है। बड़े उद्योग चलाओगे तो शोषक कहलाओगे, लघु उद्योग चलाओगे तो देशसेवक। लाभ पूरा होगा, ऊपर से सरकार इनाम देगी। मजदूरों की संख्या कम रहेगी, यूनियन वगैरह के चक्कर से बचाव रहेगा। कम वेतन देने पर कोई एतराज नहीं कर सकता, वजह जो वजनी है। सभी उद्योगपति कम वेतन देते हैं। प्रतियोगी नियमों का आग्रह है कि जो सब दें वही तुम दो। और चूँकि यह नियम सब पर लागू होता है, इसलिए जाहिर है कि कोई भी ज्यादा नहीं दे सकता। किसी की अन्तरात्मा पर जोर नहीं पड़ता। जिन्दगी मजे में चलती है।

आज सरकार से पुरस्कृत होने की खुशी में मिस्टर-मिसेज खोसला ने कॉकटेल्स और डिनर दिया है। अतिरिक्त लाभ को शेयर होल्डर्स के पंजों से बचाने का यही एक तरीका है। दो-चार दावतें देकर अतिशय राशि को निबटा डालो।

मैं शीशे के सामने बैठी अपने चेहरे पर फाउंडेशन क्रीम की पहली परत चढ़ा रही हूँ। अभी-अभी चेहरा धोकर देखा तो स्वच्छ चिकनी त्वचा का पारदर्शी पीलापन खुद मेरी आँखों में चुभ गया।

मिसेज खोसला देखतीं तो एकदम कह डालतीं, "अरे, मिसेज गोयल, कुछ टॉनिक-वॉनिक लो न। बड़ी पेल-पेल लग रही हो।"

मजे की बात है, पीला कहने में जो लोग झिझक महसूस करते हैं, पेल कहने में जरा नहीं हिचकते। उधार की भाषा का यही फायदा है। कुछ भी कहने की छूट रहती है।

मैंने फाउंडेशन-क्रीम की गुलाबी तरलता में दो बूँद पानी मिला लिया है। हल्के-हल्के थपेड़ों के साथ उसे चेहरे पर लगा रही हूँ। गालों से नाक तक। माथे और ठोड़ी पर...नीचे से ऊपर। मैं हमेशा इस बात का खयाल रखती आई हूँ कि हाथ ऊपर से नीचे की तरफ न जाए। झुर्रियाँ पड़ने का अन्देशा रहता है।

मेरी उम्र चालीस के करीब पहुँच गई...यही वक्त है झुर्रियाँ पड़ने का।

अब तक मेरी त्वचा पर एक झुर्री नहीं आई है। वैसी ही साफ चिकनी और कसी हुई है, जैसी पाँच साल पहले थी...जब मैं जानती थी वह है।

फाउंडेशन क्रीम से निबटकर आदतन मेरा हाथ रूज पर चला गया।

बादामी लाल रंग की क्रीम दो अँगुलियों की पोरों पर लेकर मैंने गालों पर फैला ली। आँखों की पुतलियों के ठीक नीचे से लेकर कानों के कोरों तक मल ली। गाल के उभार ने रंग सोख लिया। त्वचा हुलस उठी। हल्की अरुणाई से कपोल सज गए।

मिसेज भास्कर देखेंगी तो जरूर कहेंगी, "अरे समझती क्या हो! इम्पोर्टेड मेकअप इस्तेमाल करती है, तभी चेहरे पर इतनी रौनक रहती है। हम क्या जानते नहीं! अरे, यहाँ तो लिफाफा देखकर खत का मजमून भाँप लेते हैं।"

"एक बात तो माननी पड़ेगी, मिसेज भास्कर!" मिसेज कपिला उन्हें छेड़ने की गरज से कहेंगी, "मेकअप से रंग भले बदल जाए, झुर्रियाँ नहीं छिप सकतीं। मिसेज गोयल की खाल है बिलकुलकसी-तनी।"

"फेस-लिफ्टिंग करा आई होगी।" मिसेज चन्द्रा जोड़ेंगी।

"कहाँ से भाई, बाहर तो वह कभी गई नहीं।"

"आजकल हिन्दुस्तान में किस चीज की कमी है।"

"सच? दिल्ली में होती है क्या?"

"हमें क्या मालूम?" मिसेज भास्कर अपना झुर्रीदार चेहरा बिचकाकर कहेंगी, "अपने को तो इन चीजों की जरूरत कभी पड़ी नहीं।"

"पड़ेगी तो कराएँगी न।" मिसेज कपिला मुस्कराकर छेड़ेंगी।

मारे गुस्से के मिसेज भास्कर जवाब नहीं देंगी। गाल फुलाकर ओंठ कस लेंगी। हाँ...गुस्सा अगर सीमा लाँघ गया तो फुँफकार उठेगी, "हमें कौन-सा किसी को फँसाना है!"

"मिस्टर भास्कर कैसे हैं?" मिसेज चन्द्रा मासूमियत से पूछेंगी और मिसेज भास्कर को जवाब नहीं सूझेगा।

अगर मेरे चेहरे पर झुर्रियों का समन्दर खुद जाए तो शायद...महेश मुझसे पार्टियों में चलने के लिए इसरार करना छोड़ दे।

मैंने पाउडर पफ उठाया और मुँह पर फेरना शुरू कर दिया।

जहाँ-जहाँ हाथ पड़ा, एक झुर्री उग आई। चेहरे पर वक्त ने नक्काशी काढ़ दी। हर झुर्री के साथ बेपनाह सुकून देह में भरने लगा। हर पल पसलियों को जकड़े जो पंजा कसा रहता है, अपने नाखून ढीले करने लगा।

चेहरे पर बेशुमार झुर्रिया हों, देह कमजोरी से लाचार हो तो मन का दर्द कम होने लगता है। इसलिए नहीं कि मन बूढ़ा हो जाता है...शायद इसलिए कि झुर्रीदार बदन बीते हुए दिनों में जीकर सन्तुष्ट हो जाते हैं। वर्तमान से लगाव नहीं रखते। आँखें मूँद लेते हैं और आज को दूर खदेड़ देते हैं।

कोई तो ऐसा तरीका होगा जिससे मैं जल्दी बूढ़ी हो सकूँ। मेरी पूरी देह...हाथ-पाँव-बाँहें, पेट-कमर-टाँगें...सब-कुछ झुर्रियों के सैलाब में डूब जाए। चेहरे पर झुर्रियों के भँवर खुद जाएँ। चलना-फिरना मुश्किल हो जाए। झुर्रियों के काँपते लबादे को घसीटकर मैं बाहर लाऊँ और बरामदे में धूप के तंग कोने में पसार दूँ।

...कितना आसान हो तब बीते दिनों को जीना, वर्तमान को भूल जाना और भविष्य...झुर्रियों का कैसा भविष्य?

यह पारदर्शी पीलापन और कृत्रिम लालिमा, झुर्रियों के जाल के नीचे फँस जाएँ और कोई मेरी तरफ आँख उठाकर भी न देखे। झुर्रियों से न रश्क होता है न हमदर्दी। होती है केवल उदासीनता। निस्सीम सर्द उदासीनता। सुखप्रद शीतल स्पर्श। इतना बड़ा सुख पाने के लिए क्या मैं यह छोटी-सी कीमत भी अदा नहीं कर सकती? जरूर करूँगी...

मैंने पाउडर पफ गालों पर ऊपर से नीचे चलाना शुरू कर दिया, रगड़-रगड़कर। गाल...गरदन...माथा...ठोड़ी...

अगर मैं रोज नियम से इसी निर्ममता के साथ अपने चेहरे पर प्रहार करती रही तो पाँच बरस के अन्दर वहाँ झुर्रियों का बगीचा न खिल आएगा? जरूर खिलेगा...जरूर...

पाउडर की कई परत लगा चुकने पर मैं मुस्करा दी। ओंठों को जितना फैला सकती थी, फैलाकर। पर ओंठों के पास एक भी लकीर नहीं उभरी। मेरे ओंठों में अब तक मांसलता और कसाव है। इतना खुलकर मुस्कराने के बावजूद झुर्रियाँ नहीं बनतीं।

मैंने ओंठों पर जबान फेरी। उनका गुलाबी रंग निखर आया। बरसों तक लिपस्टिक लगाने के बावजूद वे काले नहीं पड़े। सात साल का लम्बा कारावास भुगतकर भी स्याह नहीं हुए।

नीललोहित लिपस्टिक मेरे हाथ में है। मैं ऊपर का ओंठ रंग रही हूँ। नीचे का ओंठ याचना में खुला है। पर बचाव नहीं है। वह जानता है, उसे भी मैं निर्ममता से रंग की परतों के नीचे सुला दूँगी...अच्छी तरह जानता है वह।

"उफ, पता नहीं मिसेज गोयल इतने गाढ़े रंग की लिपिस्टक क्यों लगाती हैं, कमसिन लड़की तो अब रही नहीं।" मिसेज खोसला कहेंगी।

"अरे ओंठ काले पड़ गए होंगे, उन्हें ढँकने को लगाती होंगी, और क्या।" मिसेज भास्कर मुँह सिकोड़कर वजह बतला देंगी।

"क्यों, फबती तो है।" मिसेज कपिला कहेंगी, "चेहरा खिला-खिला लगता है। हल्के रंग की लिपस्टिक में तो गोरे चेहरे प्रेतात्मा-से दीखने लगते हैं।"

"लगाने की जरूरत क्या है?" मिसेज भास्कर अपने सूखे बैंजनी ओंठ कसकर कहेंगी।

"हर्ज भी क्या है? एक दिन आप भी लगाकर देखिए न।" मिसेज कपिला सुझाव रखेंगी।

"कैसे लगा लें!" मिसेज चन्द्रा चूकेंगी नहीं, "मिस्टर भास्कर को पसन्द हो तब न।"

"अच्छा...!" खूब लम्बा खींचेंगी मिसेज बत्रा 'अच्छा' को। "औरों पर तो खूब पसन्द है।"

"क्या मतलब?"

"मतलब यह कि मिसेज साहनी के ओंठों की तो खूब तारीफ करते हैं। खालिस लाल रंग से पोतती हैं...ताजे खून के रंग से।"

"खून का रंग असर दिखाएगा ही।" मिसेज चन्द्रा खिलखिलाकर हँस देंगी।

मिसेज भास्कर के सूखे बैंजनी ओंठ कसते चले जाएँगे।

"तारीफ तो मिसेज गोयल के ओंठों की भी कम नहीं करते।" मिसेज बत्रा फिर भी माफ नहीं करेंगी, कहती जाएँगी, "लिपस्टिक लगी हो चाहे नहीं, उनकी ललाई में कोई फर्क नहीं आता।"

मेरे ओंठ काले क्यों नहीं पड़े? काले, नीले या बैंजनी? खुले जख्म पर पपड़ाई खून की लोथ की तरह। गाढ़ी लाल लिपस्टिक से सनकर भी घाव से नहीं खिले।

दो अँगुलियों के बीच मैंने निचला ओंठ पकड़ा और चिकोटी काट ली। सूजकर दायाँ हिस्सा नीचे को लटक गया और मैंने सन्तोष के साथ देखा...धीरे-धीरे नीला पड़ने लगा।

अगर रोज इसी तरह मैं ओंठों को निर्दयता से कुचलती रहीं तो पाँच बरस के अन्दर वे नीले न पड़ जाएँगे? जरूर पड़ेंगे...नीले...काले...या बैंजनी...मिसेज भास्कर के ओंठों की तरह...जख्मी।

झुर्रियों से भरे चेहरे पर सूखे-पपड़ाए काले ओंठ...सचमुच मिस्टर भास्कर या मिस्टर चन्द्रा या मिस्टर बत्रा उनकी तारीफ नहीं कर पाएँगे और तब...शायद...महेश मुझे पार्टियों में ले जाना छोड़ दे।

...आँखों में मैंने कुछ नहीं लगाया। न काजल, न आइब्रो पैंसिल और न मैसकरा।

एक बार...दस साल पहले...आँखों पर काली लकीर खींचने को हाथ बढ़ाया था, पर रिचर्ड ने आइब्रो पैंसिल मुझसे छीनकर खिड़की के बाहर फेंक दी थी।

"पैंसिल क्यों फेंकी मेरी?" मैंने गुस्से से कहा था।

"क्यों, आँखों में फुलस्टॉप, कॉमा डालना जरूरी है?"

"क्या मतलब?"

"क्या कहते हैं उसे हिन्दी में...पूर्णविराम। यह आँखों में तुम पूर्णविराम क्यों खींचती हो?"

"क्या...!"

"नहीं-नहीं, पूर्णविराम नहीं, विस्मयादिबोधक! कोरों से लकीरें बाहर खींचकर बिन्दु भी तो डालो नीचे।"

मैं हँस पड़ी।

"आँखों में भी चिह्नांकन होगा?"

"तो बोलने क्यों नहीं देतीं उन्हें?"

"मैंने मना किया है?"

"आँखों में कुछ मत लगाया करो तुम," उसने कहा था, "लगता है, कैदी को जबरदस्ती मुँह पर पट्टी बाँधकर चुप करा दिया गया है।"

"काजल से, हुजूर, आँखें बड़ी लगती हैं।" मैंने कहा।

"किसने कहा?"

"बुजुर्गों का कहना है।"

"बड़ी नहीं, बँधी लगती हैं। तुम्हारे बुजुर्ग नहीं चाहते होंगे, लोग तुम्हारी आँखों की भाषा पढ़ें और घायल हों। इसलिए विराम लगाने की सलाह दी होगी। मेरी सलाह मानो, बोलने दो उन्हें, रोको मत।"

"अच्छा, ठीक है, जाने दो।" मैं मान गई थी।

"तुम्हें चाहिए पलकों पर हरी या नीली शैडो लगाओ। तब आँखें सिर्फ बोलेंगी नहीं, झिलमिल पानी की झील में खिलवाड़ भी करेंगी। जो देखेगा, डूब जाएगा।"

"देखो," मैं हँस पड़ी थी, "चापलूसी मत करो।"
पर उसकी बात मैंने रख ली।

कितनी पागल हूँ मैं! दस बरस गुजर गए, अब तब नहीं रोका आँखों को।

"तुम्हारे बोलने के दिन गए।" आईने में सूनी ताकती अपनी आँखों से मैंने कहा और काजल की दो लम्बी लकीरों के बीच उन्हें घोंट दिया।

अगर रोज मैं इसी निष्ठुरता के साथ आँखों के ऊपर और नीचे लकीरें खींचती रही तो कुछ दिनों में वे त्वचा के भीतर तक गुद न जाएँगी? उनकी जगह खुद-ब-खुद दो स्याह झुर्रियाँ न उग आएँगी? जरूर उगेंगी...जरूर...ज्यादा दिन रुकना नहीं पड़ेगा...

"जरा जल्दी करो, भई!" बाहर से महेश ने आवाज लगाई तो चौंककर मैंने शीशे में घूरना बन्द कर दिया। ब्रश उठाया और बालों पर फेरने लगी।

पार्टी का वक्त हो चुका। आईना छोड़, उठ जाना चाहिए। अगले पाँच बरस मैं इसके सामने बैठकर बीते दिन याद करते नहीं गुजार सकती। अगले छह घंटे मुझे हँसना है।

न जाने कैसा आलम मुझे पकड़े बैठा है कि चाहकर भी उठ नहीं पा रही। मरियल हाथों में थमा ब्रश लाचार-बेबस केंचुए की तरह बालों पर रेंग रहा है...रेंगता चला जा रहा है...

सहसा मेरे हाथों में स्फूर्ति आ गई। आनन्द से भरकर वे कस-कसकर ब्रश बालों पर मारने लगे। हर चोट में एक कशिश है...कैद से निजात पाने की उम्मीद की कशिश...मैं गहरी पुलक से भर आई हूँ...आईने में मैंने साफ देखा...मेरे बालों की जड़ें सफेद पड़ रही हैं...शुरुआत हो चुकी है...सफेद बाल...काले ओंठ... झुर्रियाँ...गाल-माथे-गरदन पर...हाथ-पाँव-बाँह पर...पेट-कमर नितम्बों पर...झुर्रियों का समन्दर...डूबने का बहाना...बन्द गली में लम्बे सफर के अन्त की शुरुआत।

19

मैं बाहर ही खड़ी थी।

डाकिया आया और ढेर सारी चिट्ठियाँ मेरे सामने उछाल दीं। लेटर बॉक्स में नहीं डालीं। मैं जो सामने खड़ी थी।

नीले लिफाफे ने पंख फड़फड़ाए और उड़कर कुछ दूर, उन ढेर सारी चिट्ठियों से अलग आ पड़ा। कितनी जानी-पहचानी फड़फड़ाहट है यह। पिंजरे का दरवाजा हठात् खुल जाने पर ऐसे ही पंख फड़फड़ाता है उदास पंछी; आकाश को छूने की तैयारी में।

लम्बी साँस भरकर हवा का एक टुकड़ा मैंने अन्दर खींचा और मेरे नथुनों में खारे समुद्रजल की सलोनी गन्ध बस गई। अजीब है यह गंध। अजीब, पर अजनबी नहीं।

मैं समझ गई, यह उसका खत है।

हाँ, मैं जानती हूँ। आज हवा तेज चल रही है और वही लिफाफे को उड़ाकर पास ले आई है।

हाँ, मैं यह भी जानती हूँ कि समुद्री पानी की वह अजीब सलोनी गंध, जो न बदबू है न खुशबू, बस एक बू है, जिसकी मैं महीनों मुंतजिर रहती हूँ; अगर कहीं है तो मेरे अपने जेहन में।

समुद्र पार करके आने से ही क्या वह खास बू लिफाफे में बस सकती है?

मैं जानती हूँ, इन्सान की सबसे बड़ी ताकत उसकी विवेक बुद्धि है और यह विवेक बुद्धि हमें बतलाती है कि हर चीज का कोई कारण जरूर होता है।

हाँ-हाँ, बड़े फख्र की बात है। पर इस वक्त मुझे इस बात पर कहीं ज्यादा नाज है कि सुन-सूँघकर ही मैंने पहचान लिया कि यह उसका खत है। नहीं, नाज भला क्या होता! बस, एक सुकून है जो मेरी नसों के तनाव को धीमे से सहलाकर खोल गया है और मुझे खुमारी की तरफ धकेल रहा है।

नीला लिफाफा जमीन पर पड़ा छटपटा रहा है, इस इंतजार में कि मैं आगे

बढ़कर उसे दुलराऊँ और उठा लूँ। मैं जानती हूँ, उड़कर और करीब नहीं आएगा वह। मेरे स्पर्श के इन्तजार में वहीं पड़ा पंख फड़फड़ाता रहेगा। बेचारा नन्हा कैदी; खत को लिफाफे की नजरबन्दी तोड़कर बाहर आना है, जल्द-से-जल्द।

तुम्हें अचरज हो रहा है, मैं दौड़कर उसे उठा क्यों नहीं लेती? ऊपर का खोल चीरकर खत को आँखों से चूम क्यों नहीं लेती?

जाहिर है, तुमने कभी किसी का इन्तजार नहीं किया।

चार महीनों के हर पल इन्तजार के बाद यह खत आया है। जिन्दगी से लबरेज ये चन्द लम्हे इतनी जल्दी जीकर खत्म कर दूँ?

नहीं, मैं धीमे-धीमे आगे बढ़ूँगी। धीरे से झुककर लिफाफा उठाऊँगी। पहले नजरों से चूमूँगी, फिर हाथ से सहलाऊँगी। फिर...अनेक घड़ियों बाद...बहुत सँभालकर लिफाफे का चिपका किनारा फाड़ूँगी। जरा सब्र करो अब तुम...चार महीने मैंने किया है...इतना छटपटाओ मत...पढ़ती हूँ...पढ़ती हूँ अभी, क्या लिखा है...

लिफाफा खुल गया। मजमून मेरे सामने है। करारे पतले नीले कागज पर नीली स्याही से खिंची लकीरें। सच, रिचर्ड, कितनी खराब लिखाई है तुम्हारी। आदत पड़ गई वरना...न जाने कितनी बार पढ़ना पड़ता...अच्छा रहता।

मेरी नजर खत के हर लफ्ज को चूमती हुई ऊपर से नीचे घूम गई।

एक ही शब्द पढ़ा मैंने—रिचर्ड।

एक बार फिर मेरी नजर मजमून पर फिसली और इस बार पढ़ा मैंने—मनु।

मनु-मनु-मनु!

यही सम्बोधन रहता है उसके सब खतों में। कभी उसने मुझे प्रिय, प्रियतमा, प्राणप्रिया नहीं लिखा। बस—मनु-मनु-मनु...मेरा नाम। उसके कंठ से फूटा।

और नीचे रिचर्ड। बस रिचर्ड, तुम्हारा तक नहीं।

रिचर्ड-रिचर्ड-रिचर्ड! आह्लाद के अन्तिम क्षणों में फूटता संगीत...चीत्कार...तोष...

फिर मजमून। एक बार...दूसरी बार...तीसरी बार...बार-बार।

"...मैं उस दिन का इन्तजार कर रहा हूँ जब हिन्दुस्तान—दिल्ली—आऊँगा और तुम्हें देखूँगा...ढेर सारे चित्र लूँगा इस बार...इन्तजार कर रहा हूँ...बेसब्री से...कुछ दिन और..."

फिर लिफाफा। उसे भी पढ़ना होता है। इस बार कहाँ से आया है खत? लेबनान से। तीन-चार महीने बाद खत आता है, दुनिया के किसी भी कोने से हो सकता है। ग्रीस...जर्मनी...इस्ताम्बूल...ढाका...जेरुशलम...कोरिया...वियतनाम...कहीं से भी।

इस बार लेबनान से। तो लेबनोन में हो रही है लड़ाई आजकल! क्या कहा था उसने? जहाँ फौज होती है, वहाँ चर्च भी। जहाँ इन्सान इन्सान को मारता हो, यंत्रणा

देता हो, मैं वहाँ होता हूँ...खुदा का अंश हूँ मैं। हाँ रिचर्ड, कोई चाहिए जो खुदा के न रहने पर रहे। इन्सानों को याद दिलाता रहे...अपने हर इन्सानी कारनामे के लिए वे खुद जिम्मेदार हैं।

तुम रहते हो रिचर्ड, तो मुझे अपनी जरूरत नहीं रहती।

एक बार फिर मजमून...इन्तजार कर रहा हूँ...जब...दिल्ली आऊँगा।''

कब? रिचर्ड, कब?

एक इन्तजार खत्म और दूसरा शुरू।

गया था तो उसने कहा था...इसमें क्या है, मैं हर बरस आऊँगा।

अपना वादा खूब निभाया है उसने। पाँच साल तक। पाँच साल? पच्चीस दिन का सुख। कितनी दौलतमन्द हूँ मैं।

तुम जानते हो, तीन सौ पैंसठ दिन को पाँच दिन के अन्दर कैसे जिया जाता है? नहीं जानते होगे। मैं भी नहीं जानती थी। धीरे-धीरे जान गई, एक कला है यह। सीखना चाहते हो? तो यूँ करो। किसी जिप्सी से प्यार कर लो। खुद-ब-खुद सीख जाओगे। व्यथा तो होगी। तीन सौ साठ दिन की व्यथा। पाँच दिन का सुख। हिसाब बराबर।

बस, एक शिकायत है। बराबर यह डर बना रहता है कि कहीं ये आखिरी पाँच दिन न हों। अगले बरस वह लौटे ही नहीं।

चलते हुए आदमी के लिए इन्तजार करना आसान है। पर ठहरे हुए आदमी के लिए?

एक का गम दूसरा कैसे जानेगा?

जो कभी ठहरा न हो?

जिसे सब्र की जरूरत न पड़ी हो

जो इन्तजार की घड़ियाँ दौड़कर निकाल दे?

उसे कैसे समझाया जाए कि रोज उसी कमरे की खिड़की के आगे सूरज उगता है। रोज धूप का नन्हा खरगोश डरा-सिमटा उसी बरामदे के कोने में दुबका रहता है और सूरज डूबने से बहुत पहले, निश्चित मृत्यु के डर से काँपकर, अपनी खोह में जा घुसता है। रोज रात का अँधेरा उसी कमरे के कोनों में कालिख पोतता है। और रोज उसी बिस्तर पर सिसकियाँ पैदा होने से पहले दम तोड़ दिया करती हैं।

उस कमरे में तीन सौ पैंसठ दिन कितने लम्बे होते हैं? वह कैसे जान सकता है, जिसे धूप रोज नई दिशा और अलग समय से आकर जगाती हो।

हाँ-हाँ, मुझे मालूम है, सूरज रोज पूरब से उगता है। पर वह देश जो बदल जाता है, जिसमें उसके कमरे की खिड़की खुलती है।

पूरब-पश्चिम-उत्तर-दक्षिण...वह चक्र क्या मेरे इर्द-गिर्द घूमा करता है?

नहीं, उसका अपना परिवार है। बीवी। तीन बच्चे। हर यात्रा की समाप्ति पर चक्र जाकर उनके पास रुकता है। मेरे पाँच दिन तो उनके सौ।

कुल दो सौ साठ दिन तो बचे यात्रा के। उसके लिए कुछ भी नहीं। दिन-पर-दिन भागते हैं और इन्तजार भी। पर मैं...मेरे लिए सब-कुछ ठहरा रहता है।

एक इन्तजार खत्म और दूसरा शुरू।

फिर भी इन्तजार-इन्तजार में फर्क है। एक इन्तजार वह था—मरियल घोड़े-सा—जो खत आने से पहले था, जब मैं भूल चुकी थी मैं जीवित हूँ। और एक इन्तजार यह है—पंख फड़फड़ाते पंछी-सा जो उसका खत हाथ में आने के बाद से है।

रिचर्ड-रिचर्ड-रिचर्ड! मनु जिन्दा है। मनु को अहसास है, वह जिन्दा है।

मनु देख रही है...कुर्सी पर चढ़ी गद्दी का रंग पीला है। मेज पर बिछे मेजपोश पर मोर कढ़ा है। रसोईघर से जीरे-हींग के बघार की महक उठ रही है। पास के मकान में कोई गा रहा है। बाहर धूप छिटकी हुई है। उसकी साड़ी का किनारा फटा है। सड़क पर लोग भागे जा रहे हैं। घड़ी में बारह बज रहे हैं। पास के चर्च में घंटियाँ टनटना रही हैं। घर के सामने के इकलौते नीम पर चिड़ियाँ चहचहा उठी हैं। सड़क पर आवारा कुत्ता भौंक रहा है। बरामदे में धूप की किरण खिंच आई है। मिट्टी के गमले में रोपा गुलदाऊदी का पौधा आज कल से लम्बा निकल आया है...और ये सब उसके जिन्दा होने के सबूत हैं।

वह देख रही है कि दरवाजे की चौखट पर धूल पड़ी है। धूल की यह परत तक बेमतलब नहीं है। उसी जिन्दगी को नमूदार कर रही है।

वह जिन्दा है और उसके आने तक हर पल जिन्दा रहेगी। नहीं...झूठ बोल रही है वह।

कुछ दिन जीकर वह फिर मरने लगेगी...तब, जब बार-बार पढ़ चुकने पर वह पतला करारा नीला कागज चिरकर चार टुकड़ों में बँट जाएगा। सँभाल-सँभालकर रखने पर भी चारों टुकड़े सिरों से कटने लगेंगे। फिर इन्तजार...दुबारा उसके खत आने का। फिर वही टुकड़ा-टुकड़ा मौत और वही जिन्दा रहने की मजबूरी। क्योंकि उसका खत आएगा...एक दिन। ऐसे ही चिरा करता है ठहरा हुआ आदमी जब उसे किसी चलते हुए आदमी के वक्त के मुताबिक इन्तजार करना पड़े...सब्र से...बेसब्री से...व्यतीत में जीते...

20

उसका सिर घुटनों पर टिका है। आँसुओं से भीगा चेहरा जोर करके गोद में दुबक गया है।

मैं उसे उठाने की कोशिश नहीं कर रही, न सांत्वना देने की। बिलकुल शान्त बैठी हूँ मैं। शान्त नहीं, स्तब्ध।

सब-कुछ खत्म हो गया।

जहाँ तक नजर जाती है, एक सूखा अन्धड़ उठ रहा है। ये थोड़े-से आँसू उसमें क्या नमी लाएँगे ?

मैं रो नहीं रही। एक भी आँसू नहीं है मेरी आँख में।

पिछले साल वह नहीं आया था। न पूरे साल कोई खत लिखा था। अब जाकर आने की खबर देती दो पंक्तियाँ मिली थीं और साथ-साथ वह खुद आ पहुँचा था।

देखकर चौंक उठी थी मैं।

सुनहले बालों में चौड़ी सफेद धारियाँ। आँखों के नीचे काले गड्ढे। चेहरे पर अनगिनत झुर्रियाँ। शरीर पहले से आधा।

तो क्या तीस साल बीत गए ? उसकी उम्र पैंसठ पर पहुँच गई ?

...क्या बेवकूफी की बात है। अभी तो कुल सात बरस बीते हैं। तेईस साल बाकी है। तेईस साल—कितना वजनी संबल है !

मैं एकटक उसे ताक रही हूँ।

शुक्र है, मैंने उसे पहचान तो लिया।

मुझे अपना दुःस्वप्न याद आ रहा है। कितनी रातों को पसीने से सराबोर जगाया है उसने मुझे...

...एक विशाल कमरा। चकमक-जगमग। चारों तरफ न्योन बत्तियाँ। नीला नंगा प्रकाश। पीली बत्तियों में लिहाज होता है। आदमी को नंगा नहीं करतीं। पीला प्रकाश उजाला देता है तो कहीं-कहीं भूरा अँधेरा भी। कोरे बदन से छाया पैदा होती रहे तो

तसल्ली रहती है। इन्सान अकेला नहीं महसूस करता। छाया साथ रहती है। हैवानों के आगे छाया नहीं पड़ा करती। न्योन लाइट का प्रकाश एकदम बेशर्म होता है। छाया का नामोनिशान मिटा डालता है। जिस्म का एक-एक गूमड़ उघाड़कर रख देता है।

जगमग विशाल कमरा। खचाखच भरा। नंगे इन्सानों से अटा। नंगे बदन। नंगे चेहरे। बदन से टकराते बदन। किसी बदन पर कपड़ा नहीं। न्योन बत्तियों के नीचे नीला खुदगर्ज उजाला। बदन का हर गूमढ़ उजागर। चेहरे का हर कटाव नश्तर से तराशा। चिरा-कटा। क़रीने से सजा।

तेज सिर धुनता संगीत। क्रूर-निष्ठुर। धम-धम-धम! धिक-धिक-धिक! धिन-धिन-धिन! एक सुर उठता है, फर्श पर गिरता है, पर प्रतिध्वनि नहीं होती। फौरन दूसरा सुर उस पर टूट पड़ता है। एक क्षण के सौवें हिस्से के लिए भी संगीत से अवकाश नहीं। बौराए-बौखलाए बदन नाच रहे हैं। अकेले। कोई किसी के साथ नहीं। एक नाचता शरीर दूसरे से टकरा जाता है तो फौरन झटका खाकर अलग हो जाता है। किसी चेहरे पर शिकन नहीं, मुस्कराहट नहीं, भाव नहीं। बस, आँखों में एकाग्रता है, कान चौंकन्ने हैं। एक पल के लिए, पल के सौवें हिस्से के लिए भी पैरों की थाप, संगीत की निर्मम धमक से बेमेल न हो जाए।

दत्तचित्त, वे संगीत सुन रहे हैं। सुर-तान नहीं, सिर्फ ताल...थाप। धिन-धिन-धिन! धिक-धिक-धिक! धम-धम-धम! नहीं, शायद वे संगीत सुन तक नहीं रहे। कोई भीमकाय यंत्र है जो जबरदस्ती उनके पैरों को नचा रहा है। वही ताल दे रहा है और वही ताल का अनुसरण करवा रहा है। तभी उनके बदन की नसें इस तरह तनी हुई हैं, चेहरे इतने भावशून्य हैं। उस विशाल रोबट के मुखर निर्देश पर छोटे-छोटे मातहत रोबट बदन झटक रहे हैं। भावविहीन आदेश पालन कर रहे हैं। मजबूर हैं, करने को। आदेश पालन ही उनका अस्तित्व है।

उसी नंगी-निस्पृह-निरीह भीड़ के बीच मैं उसे ढूँढ़ रही हूँ। नंगे-पीले प्रकाश के नीचे हर शरीर का मुख साफ है। मैं एक प्रकाशित कोने से दूसरे आलोकित कोने तक दौड़ लगाती हूँ। निराश, उस जगमग कोने से वापस इस चकमक कोने तक रेंग आती हूँ। हर चेहरे पर मेरी नजर है। बदन मुझसे टकराकर निकल जाते हैं। कोई अहसास नहीं जगाते। चेहरे की पहचान न हो तो बदन की छुअन में रोमांच कैसा?

मैं जानती हूँ, वह यहीं है, इसी भीड़ के बीच, इसी बेशर्म उजाले के नीचे। पर मैं उसे पहचान नहीं पा रही। मेरी नजर कमजोर नहीं है। चेहरे भी धुँधले नहीं हैं। सब नक्श बेपर्दा सामने लटक रहे हैं, फिर भी मैं उसे पहचान नहीं पा रही। एक-एक चेहरे को परखती, मैं उन नंगे, नाचते शरीरों के बीच लुढ़क रही हूँ।

वहाँ...दूर...एक चेहरा पहचाना-सा लगता है। मैं चारों तरफ ठसाठस अटे शरीरों को जबरन ठेल उस तरफ दौड़ जाती हूँ।

अब मैं उसके बिलकुल करीब हूँ और...चेहरा गायब हो चुका है। भौंचक खड़ी, मैं आँखें गड़ाकर हर चेहरे को घूर रही हूँ, पर उसे पहचान नहीं रही...

रिचर्ड! मैं तुम्हें पहचान क्यों नहीं पा रही—रिचर्ड!

चीखकर मैं उठ बैठती हूँ...पसीने से तरबतर...

ऐसा भी होगा रिचर्ड एक दिन...तुम होगे और मैं तुम्हें पहचान नहीं पाऊँगी...

शुक्र है, देखते ही मैं उसे पहचान गई, वरना क्लारिज होटल के जगमग लाउंज में, कसे शरीरों और भावशून्य चेहरों के बीच, मैं जोर से चीख पड़ती।

"कमरे में चलो फौरन।" उसे देखते ही मैंने कहा।

"चलो।" उसने कोई अचरज नहीं दिखलाया। दो साल बाद मिलने पर जैसे यही कहा जाता हो।

हम उसके कमरे में आ गए।

मैंने उसका कृश मुख अपनी हथेलियों में संजोया और देखती रही।

"मैं बीमार था।" उसने कहा।

"खत में क्यों नहीं लिखा?"

"खत लिखना ठीक नहीं था।"

"क्यों?"

"तुम्हारे यहाँ इमरजेंसी लगी हुई थी।"

"तो?"

"मुझे हिन्दुस्तान आने की मनाही थी। वीजा कैंसिल हो गया था।"

"क्यों?"

"उन दिनों तुम्हारी सरकार को हर विदेशी भेदिया दीखता था।"

"आ नहीं सकते थे, पर खत... ?"

"लिखता तो तुम पर आँच आती।"

"ओह! बस, इतनी-सी बात थी, "मैंने खुश होकर कहा, "इसीलिए नहीं आ पाए तुम। पर लिख तो देते! मैंने कितना इन्तजार किया। अरे, लिख देते एक बार, देखा जाता जो होता...खैर, छोड़ो। अब तो कोई रुकावट नहीं है...एमरजेंसी हट गई है...जानते हो न?"

वह चुप रहा।

"अब लिखना," मैंने कहा, "हर महीने।"

वह चुप रहा।

"कम-अज-कम हाँ तो कह दो।" मैंने कहा।

वह चुप रहा।

"क्या हुआ?"

"..."

"और कुछ भी है?"

"हाँ।"

"नहीं...रहने दो...मुझे मत बतलाओ...मैं जानना नहीं चाहती...मुझे प्यार करो...बस...और कुछ नहीं।"

मैं बिस्तर पर उठकर बैठ गई। बाँहें ऊँची करके बदन तोड़ा और कहा, "चलो, नीचे चलकर कुछ खाएँ, बहुत दुबला गए हो।"

"एक ही दिन में मोटा कर लोगी!" उसने कहा।

"एक ही दिन?"

"हाँ।"

एक दिन! एक दिन! जगमग कमरे में क्रूर संगीत फिर बज उठा।

"तुम सिर्फ एक दिन के लिए आए हो?" मैंने कहा।

उसने उत्तर नहीं दिया।

उसका सिर मेरे घुटनों पर आ ठहरा। भीगा चेहरा गोद में दुबक गया।

मैं समझ गई, सब-कुछ खत्म हो गया।

"जैनी?" मैंने पूछा।

"हाँ।" उसने कहा।

"क्या हुआ?"

"मैं बहुत बीमार था। अस्पताल में पड़ा था। डॉक्टरों ने उम्मीद छोड़ दी थी...मैंने जैनी को अपने लॉकर की चाबी दे दी।"

"मेरे खत!"

"नहीं, तुम्हारी कविताएँ।"

"और क्या था लॉकर में?"

"मेरा वसीयतनामा।"

"जैनी ने मेरी कविताएँ पढ़ीं?"

"फाड़ दीं।"

"फाड़ दीं...ओह...फिर?"

"वह अस्पताल लौट आई...।"

"रहने दो। मैं समझ गई।"

मैं सुनना नहीं चाहती। अस्पताल के बिस्तर पर पड़ा उसका दुबला कृश शरीर और क्लांत जर्द चेहरा मेरा दिल तोड़े डाल रहा है।

पर जैनी? ऐसी हालत में कैसे वार कर सकी?

बहुत समर्थ है जैनी। मेरी तरह डरपोक नहीं। उस वक्त उसे रिचर्ड का मरणासन्न मुख नहीं, मेरा जवान चेहरा दिखा होगा। मेरी हँसी, मेरी पुलक, मेरी जवानी। सब जिम्मेवारी मेरी है।

मुझे याद आ रहा है, बँगला देश से आए शरणार्थियों का कैम्प। रिचर्ड उनकी देखभाल कर रहा था। उसने वहाँ महिलाओं को दस्तकारी सिखलाने का इन्तजाम करवाया था। छोटा-मोटा सामान बनने लगा था। पास के शहरों में बिककर उनके लिए थोड़ा-बहुत पैसा इकट्ठा करने लगा था।

एक गूँगी लड़की थी वहाँ। यही कोई सोलह-सत्रह बरस की। उसने कुछ भी सीखने से इनकार कर दिया था। दिन-भर कैम्प के अकेले कोने में बैठी आँसू बहाया करती थी।

फिर एक दिन रिचर्ड ने उसके हाथ अपने हाथों में थाम लिए और मिट्टी का नन्हा-सा हिरन गढ़ डाला। गंगू की आँखें चमक उठीं, आँसू थम गए। रोज का क्रम बन गया उनका। धीरे-धीरे गंगू मिट्टी और कपड़े के खिलौने बनाने में माहिर हो गई। अपने अकेले कोने में बैठी वह चुपचाप खिलौने बनाती और जो कुछ बनाती, रिचर्ड को भेंट कर देती। बोल पाती तो शायद न करती। उसके पास और चारा न था। गूँगा इन्सान भला कैसे अपने प्यार का इजहार करे?

रिचर्ड ने तमाम खिलौने अपनी स्टडी में सजा रखे थे। रोज बड़ी सतर्कता के साथ उनकी झाड़-पोंछ किया करता था।

दो-तीन महीने बीत गए थे।

मुझे याद है, चर्च ने एक मेले का आयोजन किया था। जैनी ने जी-तोड़ मेहनत से काम किया था और...वे सारे खिलौने उसके स्टॉल पर सजे थे।

''तो तुमने खिलौने मेले में बिकने के लिए रखवा दिए!'' मैंने रिचर्ड से कहा।

''कौन-से खिलौने?''

''वही जो गंगू ने बनाए थे।''

''कहाँ हैं?''

''जैनी के स्टॉल पर।''

एक छलाँग में रिचर्ड कमरे से बाहर था।

जब तक उसके पीछे-पीछे मैं स्टॉल पर पहुँची, वह काफी खिलौने समेट चुका था।

तो ऐसा लगता है रिचर्ड, गुस्सा आने पर...मुझे याद है, मैंने सोचा था।

मुझे अचरज हुआ था कि इतने जबरदस्त क्रोध के बावजूद, खिलौनों पर उसके

हाथों की पकड़ बेहद कोमल थी...जैसे गंगू को हिरन गढ़ना सिखला रहा हो।

पल-भर के लिए जैनी भी डर गई थी।

"मैंने सोचा...इंग्लैंड तो ये जा नहीं पाएँगे...।" उसने हकलाकर कहा था।

बर्फ के पहाड़-सा जड़ हो गया था रिचर्ड।

"किसने कहा?" सर्द आवाज में इतना ही कहा था उसने।

और उसी स्नेहिल स्पर्श के साथ खिलौने डिब्बे में सहेजता रहा था।

जैनी चुप बनी रही थी। पर कितनी देर? आखिर उसने कह ही डाला था, "बिक जाते तो चर्च के काम आते।"

उस वक्त भी उसकी आँखों के सामने रिचर्ड का बर्फ-सा सर्द मुख नहीं, गंगू का खिला जवान चेहरा रहा होगा।

जैनी वाकई समर्थ है। कुछ भी कर सकती है।

"जैनी ने पूछा," रिचर्ड बतला रहा था, "मनु नाम की लड़की जमशेदपुर में थी?"

"हाँ," मैंने कहा, "कहा होगा।"

"मुझे तलाक दे दो," उसने कहा, "बच्चों को मैं रखूँगी।"

"कविताएँ," मैंने कहा, "कविताएँ ही तो हैं।"

"इतनी बेवकूफ नहीं हूँ। कविताएँ लॉकर में रखी जाती हैं।"

"नहीं, मैंने रखी हैं।"

"क्यों?"

"क्योंकि मैं मनु से प्यार करता हूँ, कहकर मैं बेहोश हो गया। तीन दिन बाद जब होश आया तो मैंने उसे सब-कुछ बतला दिया।"

"सब-कुछ क्यों?" मैंने पूछा।

"मैं मौत के बहुत करीब था, मनु," रिचर्ड ने कहा, "दरअसल मुझे याद भी नहीं था, मैंने उसे बतलाया क्या था। पर बाद में जब उसने कहा, 'मैंने उसे सब बतला दिया था' तो मैंने यकीन कर लिया..."

"..."

"मनु!" उसने कहा।

"तो...?"

"मैं बच्चों को नहीं छोड़ सकता।"

"जैनी तुम्हें छोड़ सकती है?"

"हाँ।"

"हमेशा के लिए हाँ। पर तीन सौ पैंसठ दिन में से पाँच दिन के लिए नहीं।" मैं हँस दी।

"जैनी को दोष मत दो, मनु। वह मुझसे उम्र में पाँच साल बड़ी है। उसे हमेशा यह डर रहा है कि मैं किसी कम-उम्र लड़की के लिए उसे छोड़ न बैठूँ।"

"ओह...तब तो लगता है...मुझे साठ साल का होना ही पड़ेगा।" कहकर मैं फिर हँस दी।

"हँसो मत," उसने कहा, "तुम्हारी हँसी बहुत भयंकर है।"

"रोने से भी ज्यादा?"

"कहीं ज्यादा?"

उसने मुख ऊपर उठाकर मेरी तरफ ताका। मैंने देखा, उसकी आँखें अभी तक नम हैं।

"चेहरे को इतना लम्बा मत खींचो।" मैंने कहा, "जरा सोचो, ऐसे मायूस आदमी को लेकर जैनी क्या करेगी? घाटे में रह जाएगी।"

"जैनी को मायूसी पसन्द है," उसने कहा, "वह...एकदम...एकदम प्युरिटन है।"

"...तो...मैं...तुम्हें खत भी नहीं लिख पाऊँगी?"

"जैनी उन्हें पढ़े, मैं बर्दाश्त नहीं कर पाऊँगा।"

"ठीक है," मैंने कहा, "तुम्हें भेजूँगी नहीं। लिख-लिखकर घर में रखती जाऊँगी। तेईस साल में सोचो, कितना बड़ा गट्ठर बन जाएगा। साठ साल की हूँगी तो साथ लेती आऊँगी...पर प्रोग्राम जरा लम्बा बनाना। काफी दिन लग जाएँगे पढ़ने में।"

उसका सिर मेरे घुटनों पर आ टिका।

...भीगा चेहरा गोद में ठहरा रहा।

"इतना दुख मत करो," मैंने कहा, "आठ साल तक हम मिलते रहे, क्या कम है? आठ साल में तो आदमी की देह की शिराएँ तक बदल जाती हैं।"

"बदला कुछ नहीं।" उसने कहा।

"चलो, नीचे चलकर कुछ खाएँ। मैं जानना चाहती हूँ कि तुम्हारी तबीयत कितनी सुधरी है।" मैंने कहा।

"तुम एक बार रो क्यों नहीं लेतीं?" उसने कहा।

"मैं क्या करूँ, रिचर्ड, मुझे रोना नहीं आ रहा!"

...रोने से मन हल्का हो जाता है...

चकमक-जगमग विशाल कमरों के नीले-नंगे उजाले के नीचे दिन गुजरते हैं और एक पल के लिए, पल के सौवें हिस्से के लिए भी, कर्णभेदी संगीत से निष्कृति नहीं मिलती...कि किसी अँधेरे कोने में बैठकर रो लूँ...

21

''एक बात बतलाओ...मैं तुम्हें सुन्दर दीखती हूँ?'' मैंने पूछा था...

''हूँ...जरा रुको...दूर से देखना होगा।'' उसने कहा, ''जरा उठो तो...हाँ...यहाँ खड़ी रहो...।''

उसने मुझे एक हाथ दूरी पर खड़ा कर दिया और देर तक देखता रहा।

''खड़े-खड़े देख क्या रहे हो? मैं तुम्हें सुन्दर नहीं दीखती?''

वह चुप रहा।

''सारी दुनिया को मैं सुन्दर लग सकती हूँ, तुम्हें नहीं।'' मैंने गुस्से से कहा।

''सारी दुनिया को लगती हो तो जरूर होगी!'' उसने कहा। व्यंग्य से नहीं, गहरे सोचकर।

''क्यों, तुम्हारी आँखें नहीं हैं?''

''हैं तो। अच्छा...देखने की कोशिश करता हूँ।''

''अब तक क्या भाड़ झोंक रहे थे?''

''अब तक मुझे सिर्फ तुम दिख रही थीं।''

''तो मैं किसे देखने को कह रही हूँ?''

''मेरा मतलब तुम...तुम हो। सुन्दर, असुन्दर...टेढ़ा सवाल है।''

''देखो, यह फलसफा हम ओरियंटल्स के लिए रहने दो। तुम सीधी बात करो। सुन्दर नहीं लगती तो कह दो साफ...नहीं लगती...बात खत्म।''

''अच्छा, अलग-अलग करके देखता हूँ...हाँ...तुम्हारे बाल...बहुत उलझ रहे हैं।''

''उसे छोड़ो।''

''हाँ-हाँ...उलझे-उलझे लग तो अच्छे रहे हैं—सँवारकर देखूँ?''

''रहने दो।''

''तुम्हारी आँखें...काली तो नहीं हैं...भूरी काली...क्या कहेंगे उसे?''

''तुम्हारा सिर।''

"वह जो होता है न, लैंप के ठीक नीचे अँधेरा...चमकीला-सा...वह रंग—नाम नहीं मालूम। बड़ी भी बहुत हैं—लम्बी बादाम की तरह...काबुल वाला...हिन्दुस्तान में उतना बड़ा नहीं होता...है न? हाँ, हैं तो सुन्दर, कम-अज-कम गुस्से में लग रही हैं इस वक्त।"

"..."

"तुम्हारी नाक...।"

"शटअप!"

"क्या हुआ?"

"मुझे मालूम है, मेरी नाक सुन्दर नहीं है।"

"जब तुम्हें सब-कुछ मालूम है तो मुझसे क्यों पूछ रही हो?"

"मेरी नाक सचमुच बहुत खराब है?"

"तुम्हारी तरह है।"

"मैं खराब हूँ?"

"नहीं, टेढ़ी। पर किसी मुल्क के संविधान में नहीं लिखा कि नाक को सीधा होना चाहिए।"

"तुम सिर्फ मजाक करते हो।"

"नहीं, मैं बिलकुल गम्भीर हूँ। इस नाक के अलावा तुम्हारे चेहरे पर किसी दूसरी नाक की कल्पना भी नहीं कर सकता। नाक बदल गई तो तुम भी बदल जाओगी...तुम्हारे ओंठ...।"

"हूँ?"

"तुम्हारे ओंठ—अरे, तुम्हारे ओंठ तो वाकई सुन्दर हैं।"

"इसमें इतने अचरज की क्या बात है?"

"नहीं, अचरज की बात नहीं है। मुझे याद आ रहा है, जब मैंने तुम्हें पहले-पहल देखा तो तुम काफी सुन्दर लग रही थीं। छह साल हो गए, है न?"

"हाँ, छह साल। कितना लम्बा अरसा है। बहुत कुछ बदल जाता है।" लम्बी साँस भरकर मैंने कहा।

"धीरे-धीरे मैं भूलता गया, तुम सुन्दर हो या नहीं।"

"इतने देशों की औरतों को देखकर चक्कर में पड़ जाते होगे।" मेरी साँस और लम्बी खिंची।

सच, मैं रोने-रोने को हो गई।

सहसा वह हँस पड़ा।

"पागल लड़की!" उसने कहा और पास आकर मुझे गोद में उठा लिया। मुझे लेकर आरामकुर्सी पर बैठ गया। बोला, "तुम्हारे सिवा मैं किसी को

देखकर चक्कर में नहीं पड़ता।''

''पर...सचमुच तुम...इतने देशों में घूमते हो...इतने तरह की सुन्दर औरतों को देखते हो...तुम्हें मेरा चेहरा भूल नहीं जाता?''

''नहीं, तुम अलग हो।''

''कैसे?''

''एक खास बात यह है कि तुम कपड़े उतारकर भी वैसी ही लगती हो जैसी कपड़े पहनकर।''

''क्या मतलब?''

''ज्यादातर औरतें कपड़े उतारते ही दिलचस्प नहीं रहतीं। तुम रहती हो।''

''तुम तो ऐसे कह रहे हो जैसे बिला कपड़े बीसियों औरतों को देखा हो।''

''हाँ।''

''क्या!'' मैं उसकी गोद में छिटककर अलग जा पड़ी।

''तुम क्या नंगी औरतें देखते फिरते हो?'' मैंने कहा।

''छी:!'' उसने कहा, ''यह क्या बोलने का तरीका हुआ! गुस्से में भी आदमी को अपनी शालीनता नहीं खोनी चाहिए।''

''मैं औरत हूँ।''

''सॉरी। औरतों को बेशक छूट है।''

''बात को घुमाओ मत। जो मैं पूछ रही हूँ, उसका जवाब दो। तुम सारी दुनिया में नंगी औरतें देखते फिरते हो?''

''जी, चर्च इसीलिए मुझे पैसा देती है।''

''किसलिए देती है, मुझे नहीं मालूम।''

''तो मालूम करके बात करना।''

''तुम साल में एक बार दिल्ली आते हो। बाकी वक्त क्या करते हो, मुझे क्या मालूम?''

''नंगी औरतें देखता हूँ।''

''शटअप! मैं जा रही हूँ।'' मैंने बेहद गुस्से से कहा।

''कपड़े पहन लो।'' उसने कहा।

''रिचर्ड...गेट आउट!''

''हँह?...अच्छा-अच्छा...।''

पहले वह चौंका, फिर चुपचाप बाहर निकल गया।

मैं पहले खूब रोई, फिर गुसलखाने में जाकर नहाई। कपड़े पहनकर कमरे में आई तो देखा, रिचर्ड बैठा है।

''वापस क्यों आए ?'' मैंने पूछा।
''कमरा मुझे परसों बारह बजे छोड़ना है।'' उसने कहा।
''ओह...ठीक है...तब मैं जाती हूँ।'' मैंने कहा।
ठीक है, कमरा उसका है तो वही रहे।
मैं दरवाजे पर पहुँच गई।
''सुनो!'' उसने कहा।
''क्या है ?''
''हाँ...तुम सुन्दर हो।''
''मैं जानना नहीं चाहती।''
''दूर जाने पर लगती हो।'' उसने गहरे विषाद के साथ कहा। मैं ठिठक गई।
''क्या मतलब ?''
''करीब रहती हो तो पता नहीं चलता, तुम सुन्दर हो या नहीं। तुम तुम रहती हो। पर दूर से...छह साल हो गए, तुम्हें दूर से नहीं देखा...।''
मेरी नाराजगी पूरे तौर पर हटी नहीं।
''हाँ,'' मैंने कहा, ''दूर जाकर मुझे याद करने की जरूरत भी क्या होती होगी।''
क्षण-भर वह मुझे देखता रहा, फिर बोला, ''तुम अगर तीन सौ साल पहले इंग्लैंड में रही होतीं तो लोग तुम्हें विच का नाम देकर जला डालते।''
''मैं तुम्हें विच दिखती हूँ ?''
उसने जवाब नहीं दिया। सिर से पाँव तक मुझे निहारता रहा।
''अच्छा,'' उसने कहा, ''तुम हो तो छोटी-सी। अगर मैं तुम्हें घुटनों पर डालकर तुम्हारी पिटाई करूँ तो... ?''
''तुम!'' अविश्वास और व्यंग्य से मेरी आवाज टूट गई।
''माँ ने कहा था, औरत पर कभी हाथ मत उठाओ, चाहे वह जो करे।''
''कर मैं रही हूँ या तुम ?''
''मैं क्या कर रहा हूँ ?''
''सारी दुनिया में...।''
''तुम क्या चाहती हो, कोई औरत दीखे तो आँखें बन्द कर लूँ ?''
''हाँ।''
''फायदा क्या होगा ? दिख तो चुकी होगी।''
''देखने जाते क्यों हो ?''
''मैं देखने जाता हूँ।''
''तो वे तुम्हारे पास आती हैं ?''
वह चुप रहा। फिर अपने-आप से बोला, ''थप्पड़ मारना और बात है, पर स्पैंक

करने की इजाजत जरूर होगी।"

"तुम पहले जाकर कायदे-कानून की किताब पढ़कर आओ, तब बात करना।"

"तुम बिलकुल बेवकूफ हो," उसने कहा, "यूरोप के हर बीच पर सैकड़ों औरतें पड़ी रहती हैं। तुम क्या चाहती हो, मैं आँखें बन्द करके समुद्र में नहाऊँ?"

"बिना कपड़े पहने पड़ी रहती हैं?"

"करीब-करीब।"

"मैं करीब-करीब की बात नहीं कर रही।"

"कोपनहैगन में, तुम जानती हो...।"

"तुम्हें कोपनहैगन जाने की जरूरत क्या है?"

"जरूरत तो मुझे कहीं भी जाने की नहीं है। इच्छा होती है इसलिए जाता हूँ। दिल्ली आने की मुझे क्या जरूरत है?"

"तुम कोपनहैगन इसलिए जाते हो जिसलिए दिल्ली आते हो?"

"नहीं। कोपनहैगन तो मैं पैसा माँगने गया था। तुम दो तो तुमसे ले लेता हूँ।"

"पैसा...कोपनहैगन की नंगी औरतों से?"

"जी नहीं। कोपनहैगन के बिशप से। पर सारी शाम तो बिशप के साथ बैठकर गुजारी नहीं जा सकती। तुम्हारा क्या खयाल है, मैं शहर के दर्शनीय स्थान भी न देखता?"

"दर्शनीय स्थान खाक! सैक्स-शो क्यों नहीं कहते?"

"वे भी।"

"क्यों, वे देखने जरूरी थे?"

"मैं शहर की हर चीज देखता हूँ।"

"क्यों?"

"क्योंकि वे हैं। वरना कहीं जाने का फायदा?"

"घूम-घूमकर तुम्हें यह ज्ञान तक नहीं रहा, क्या सुन्दर है, क्या नहीं।"

"जहाँ तक तुम्हारा सवाल है, बहुत पहले से नहीं है।"

"मैं जा रही हूँ।" मैंने कहा और धक्का देकर दरवाजा खोल लिया। वह उठा और झपट्टा मारकर दरवाजा वापस बन्द कर दिया।

"पागल हो तुम," उसने कहा, "जब छह साल में मुझे दुनिया-भर में एक भी ऐसी औरत नहीं दीखी जिसने मुझे यह सोचने पर मजबूर किया हो कि तुम ज्यादा सुन्दर हो या वह, तो अब क्या मिलेगी?"

मेरे कन्धों को उसने अपनी हथेलियों में बाँध, मेरे सिर की माँग चूम ली।

मैंने अपना सिर उसके कन्धे पर रख दिया।

"कभी-कभी बहुत डर लगता है...अगर किसी साल...तुम न लौटे?" मैंने कहा।

''तुमसे बिना पूछे नहीं होगा। अगर कभी मौका आया कि हममें से किसी के लौटने में बाधा हुई तो निर्णय एक का नहीं, दोनों का होगा—हम लौटें कि नहीं।''

''ठीक है।''

''यह हमारा वादा रहा, एक-दूसरे से।''

''ठीक है।''

उसने मेरे बालों में हाथ डालकर मेरा चेहरा ऊपर उठा लिया और कहा, ''फिर कभी मत पूछना, तुम सुन्दर दीखती हो या नहीं।''

''तुमसे नहीं पूछूँगी।''

''दूसरा कोई बतलाने आएगा भी तो तुम सुनोगी नहीं ?''

''क्यों, मैं कोपनहैगन नहीं जा सकती ?''

''गईं भी तो बेकार रहेगा...मेरी तरह। जानती हो, दुनियाभर की औरतें कपड़े उतारकर एक कतार में खड़ी हो जाएँ तो मुझे बोरियत के सिवा कुछ महसूस न हो। कपड़े पहने रहने पर ही इन्सान एक-दूसरे से अलग होता है, उसकी जरूरतें दिलचस्प होती हैं और तुम...चलो किसी बिजली के खम्भे के नीचे तुम्हारा चित्र खींचूँ।''

''बिजली के खम्भे के नीचे ? क्यों ?''

''तुम्हें पता है, बल्ब के ठीक नीचे अँधेरा होता है, चमकीला-सा।''

''तो ?''

''तुम उस पर खड़ी रहना।''

''फिर ?''

''फिर अँधेरा मिट जाएगा और क्या। फिर मैं चित्र खींचूँगा...फिर चित्र प्रिंट होगा...फिर मैं कोपनहैगन जाऊँगा...फिर तुम्हारा चित्र मैं अपने चश्मे के भीतर फिट करवा लूँगा...और फिर...अब मत पूछना—फिर ?''

तब तक हम कमरे से निकलकर बाहर सड़क के किनारे आ चुके थे। मैं सड़क पार करने ही वाली थी कि रिचर्ड ने मुझे पास खींचकर चूम लिया।

''क्या करते हो ?'' मैंने कहा।

''चूमा ही तो है।''

''बीच सड़क पर ? इतने लोग हैं। कोई देखेगा तो ?''

''कौन देखेगा ? यहाँ है कौन ?''

''क्यों, ये इतने सारे लोग दिखलाई नहीं दे रहे ? ''

''नहीं तो...तुम्हीं ने तो कहा है, आँखें बन्द करके रहा करो।''

22

"अगर तुम मेरी बीवी होतीं...।" उसने कहा था।

"तो मैं महेश से प्यार करती।"

उसने चौंककर मेरी तरफ देखा।

"और तुम जैनी से।"

"नहीं-नहीं। असम्भव। अगर तुम मेरी बीवी होतीं...।"

"तो तुम सारी दुनिया में घूमते फिरते और मैं इंग्लैंड में बैठकर तुम्हारे बच्चे पालती।"

"बच्चे? कैसे बच्चे?"

"वही जो आधा दर्जन हमारे होते।"

"जरूर होते?"

"बिलकुल। अभी क्या है! तीन बच्चे तुम्हारे हैं, दो मेरे। मिलाकर हुए पाँच। हम दोनों की शादी होती तो एक तो और होता। हुए न आधा दर्जन!"

"हमारे वाला एक निकाल दिया जाए तो...?"

"तो सुनो, ऐसा नहीं हो सकता, हम दोनों, पाँचों बच्चों के साथ रहें।"

"यानी छठा रहने दें?"

"सुनो तो ध्यान से। फिलहाल तुम्हारे तीन बच्चे हैं और मेरे दो। क्यों न तुम और मैं, पाँचों को लेकर एक साथ रहें।"

"तुम और मैं...?"

"हाँ, तुम कहते हो न, जैनी को बच्चों से खास लगाव नहीं है। महेश को लगाव तो है, उनकी चिंता नहीं है। वह जानता है, मैं उनकी देखभाल सही तरीके से कर सकती हूँ। फिर हम दोनों उन्हें छोड़ कर पाँच बच्चों के साथ क्यों नहीं रह सकते?"

"बात तो बिलकुल तर्कसंगत है...।" उसने कहा।

"फिर...करें?"

"और जिन्दगी में कभी कुछ तर्कसंगत नहीं होता।"

"यह हम पर निर्भर है। हम करें तो...।"

"वे करने नहीं देंगे।"

"क्यों नहीं? जैनी ने बच्चों को हमेशा अपने काम में बाधक समझा है। उसका कहना है, तीन-तीन बच्चे न होते तो वह चर्च का काम कहीं अधिक निपुणता से कर सकती थी।...बच्चे—वह भी लड़के—सारा दिन बावेला मचाए रखते हैं। शुक्र है, वे सिर्फ छुट्टियों में घर आते हैं, जब रिचर्ड घर पर रहता है। पर वह भी कम आफत नहीं। रिचर्ड भी बस, बच्चों में बच्चा बन जाता है। चारों मिलकर वह हुड़दंग मचाते हैं कि पूछो मत। सारा घर तीन-तेरह। मुसीबत तो मेरी है...रिचर्ड का क्या है, या बाहर घूमेगा और घर पर रहेगा तो...।"

"बस-बस," उसने बीच में कहा, "पूरा भाषण मत दुहराओ। मुझे जुबानी याद है।"

"फिर क्या दिक्कत है? छुट्टियों में बच्चे हमारे साथ रहेंगे। जैनी के काम में बाधक नहीं होंगे।"

"इतना प्रभावकारी बन्धन...उसे कहाँ मिलेगा?"

"वह बन्धन चाहती है?"

"मुझ पर? जरूर।"

"तभी तुम लौट आते हो...हर बार।"

"हाँ। तुम मेरी बीवी होतीं...।"

"तो तुम पूरी दुनिया में घूमते और मैं इंग्लैंड में बैठकर तुम्हारे बच्चे पालती। एक दिन महेश वहाँ आ निकलता और मुझे उससे प्यार हो जाता। मैं तुम्हें छोड़ देती और उसके साथ चली जाती...हँसो मत...बिलकुल सच कह रही हूँ। घुमक्कड़ आदमी को काहे का दुख।"

"और बच्चे?"

"उन्हें तुम पाल लेते। उसमें तो माहिर हो। याद है...वह दिन...पारुल को तुमने कैसे पाँच मिनट में सुला दिया था?"

"उस दिन...हाँ," वह हँस पड़ा, "कहाँ जाना था हमें?"

"रिहर्सल में।"

"हाँ, उस दिन देर से रखा गया था न रिहर्सल?"

"हाँ। सात बजे। मिस्टर डॉन का कहना था—यही हाल रहा तो हो लिया नाटक। आज...याद रहे...आठ बजे तक आप सब लोग मेरे सामने बैठकर अपने संवाद याद करेंगे...प्रॉम्पटर की मैं छुट्टी कर रहा हूँ, याद रहे, नाटक आपको करना है, प्रॉम्पटर को नहीं...आठ बजे खाना मिलेगा, पर सिर्फ उन्हें जिन्हें संवाद याद होंगे। बाकी लोग भूखे रह सकते हैं। और हाँ, कोई आदमी अपने साथ सैंडविच नहीं

लाएगा। लाया तो जब्त कर ली जाएगी। नौ बजे रिहर्सल शुरू होगा और अगर एक भी आदमी...एक भी...पार्ट भूला तो मैं...मैं खुदकुशी कर लूँगा। कोई पूछना चाहता है कैसे...मनु, तुम? पूछो, जरूर पूछो। जो पूछेगा उसे साथ लेकर मैं पूल में कूद जाऊँगा। मुझे तैरना नहीं आता। और उसे...मैं...तैरने नहीं दूँगा। समझ गए सब लोग? एक बात और...सात बजे से एक मिनट की भी देरी हुई तो...रहने दो...बेहतर है, मैं उस भयानक दृश्य का बयान न करूँ..."

मिस्टर डॉन को याद करके हम हँसते रहे, फिर उसने कहा, "मैं तुम्हें लेने आया था और तुम्हारी बच्ची थी कि सोने का नाम नहीं ले रही थी...सोती भी कैसे, तुम उसे घुटनों पर डालकर धमक रही थीं।"

"धमक रही थी? थपक रही थी। और बच्चा कैसे सोता है?"

"बच्चा न हुआ, चपाती का आटा हो गया।"

"अब हर किसी को तुम्हारी तरह क्रून करना तो आता नहीं। बात यह है कि तुम लोगों को घोड़े पालकर आदत पड़ जाती है।"

"हाँ, बच्चे भी घोड़ों की तरह होते हैं...आवाज पहचानते हैं।"

"जी नहीं, घोड़े बच्चों की तरह होते हैं। अंग्रेज के सिवा हर सभ्य आदमी यही कहेगा।"

"खैर, कोई किसी की तरह हो। यह तो मानना पड़ेगा तुम्हें कि पाँच मिनट के अन्दर मैंने तुम्हारी बच्ची को सुला दिया था।"

"हाँ, जिस बेपनाह रोनी आवाज में तुम गुनगुना रहे थे, मुझे डर था, कहीं मैं न सो जाऊँ।"

"तुम मेरी बीवी होतीं तो मैं तुम्हें इसी तरह सुलाता।"

"कैसे? तुम दुनिया-भर में घूम रहे होते और मैं इंग्लैंड में बैठी तुम्हारे बच्चे पाल रही होती।"

"यह तुम्हें बच्चों का इतना क्या शौक है?"

"मुझे? मुझे कतई शौक नहीं है।"

"फिर बार-बार बच्चों का नाम क्यों ले रही हो? यह भी तो हो सकता था कि हम दुनिया-भर में घूमते और हमारे बच्चे न होते।"

"अब क्यों हैं?"

"ये सिर्फ मेरे नहीं, जैनी के भी बच्चे हैं।"

"पर...जैनी को तो बच्चों से लगाव नहीं है।"

"नहीं, उसे सिर्फ उनका साथ पसन्द नहीं है। बच्चे चाहती वो जरूर थी।"

"क्यों?"

"क्योंकि सब चाहते हैं। बच्चे होना आम बात है। तुम्हारे भी तो हैं।"

"हाँ, पर मैंने तो जान-बूझकर फैसला किया था कि वे हों।"

"क्यों?"

"क्योंकि महेश का खयाल था, उन्हें होना चाहिए।"

"क्यों?"

"क्यों क्या? क्या तुम जानते नहीं, हिन्दुस्तानी स्त्री मातृत्व की साक्षात् प्रतिमा होती है...हिन्दुस्तानी पुरुष की दृष्टि में। वह सोच भी नहीं सकता, वह माँ के अलावा कुछ और बनना चाह सकती है।"

"तुम क्या बनना चाहती हो?"

"पता नहीं। मैं खुद नहीं जानती, मैं क्या बनना चाहती हूँ। इतना खाली-खोखला वक्त है मेरे पास। कभी सोचती हूँ, अभिनेत्री बन जाऊँ...कभी सोचती हूँ, पी-एच.डी. कर डालूँ...किसी कॉलेज में पढ़ाऊँ...फैक्टरी का काम देखूँ...विधानसभा के लिए खड़ी हो जाऊँ...दुनियाभर में घूमूँ...अस्पतालों में जाकर मरीजों की सेवा करूँ...किसी मिशन में भरती हो जाऊँ...कविताएँ लिखूँ..."

"दिखलाओ।"

"क्या?"

"कविता।"

"मैं नहीं लिखती।"

"झूठ मत बोलो।"

"सच...नहीं लिखती...सिर्फ सोचती हूँ।"

"तो लिख डालो।"

उसने कागज निकालकर मेरे सामने रख दिया।

"लिखो।" उसने कहा।

"क्या?"

"जो सोच रही हो।"

"अरे...तुम...तो...।"

"बस, लिख डालो।"

मैंने कलम उठाया और कागज पर चलाना शुरू कर दिया। पंक्तियाँ बनती गईं...मन में उठीं और कागज पर उतर गईं...मुझे अपने पर हँसी आती रही...

मैं जीती हूँ।
चाहत से बँटे
बिखरे क्षणों में
जब मैं नहीं होती
विषाद का गहरा गढ़ा

मुझे चूसकर
भीतर...बहुत अन्दर
उगला करता है
तपता गुबार
घुटन के अन्तिम क्षण में
अट्टहास की गूँज पर चढ़
उछल निचली सतह से
तुम्हारे पास गिरकर
मैं जीने लगती हूँ...पर
गढ़े से भी मुझे
कम प्यार नहीं
प्यार की बात बेकार है
वहीं मेरा घर है
गढ़े के बहुत अन्दर
सबसे निचली सतह पर
जहाँ हर क्षण बराबर
काला धुआँ उगलता है।

पंक्तियाँ उसने पढ़ीं, कागज तहाया और जेब में रख लिया। कहा, ''अब जो लिखो, मुझे दे देना।''

''और जो न लिखूँ तो?''

''हो ही नहीं सकता।''

''बददुआ मत दो। कहीं मुझे उपन्यास न लिखना पड़ जाए।''

''तुम लिखोगी...वैसे ही जैसे मैं दुनिया-भर में घूमूँगा। हाँ...तुम मेरी बीवी होतीं तो न घूमता...।''

''अब क्यों घूमते हो?''

''सभी घूमते हैं।''

''नहीं तो।''

''घूमते तो जरूर हैं। एक धुरी के चारों तरफ, जैसे पृथ्वी सूरज के इर्द-इर्द घूमती है। या मेरी तरह। जरा सोचो तो...एक दिन सूरज न रहे तो पृथ्वी का क्या हाल हो। दिशाहीन इधर-उधर भटकती फिरे...मेरी तरह...है न?''

''सूरज न हो तो...।''

''इसीलिए कहता हूँ न, तुम मेरी बीवी होतीं तो मैं दुनिया-भर में घूमता न फिरता।''

"बिलकुल नहीं?"

"घूमता तो तुम्हें साथ लेकर। पहले हम हाँगकाँग जाते...फिर इस्ताम्बूल... पेरिस...रोम।"

"और हमारे आधे दर्जन बच्चे?"

"महेश और जैनी पाल लेते।"

"धत्!"

"क्यों? हम होते चाहे नहीं, जैनी के बच्चे जरूर होते और महेश के भी, अपने-अपने बच्चे वे पाल लेते। या पलवा लेते अपने जीवन-साथियों से। रोम से हम लोग चीन चले जाते...फिर जापान आस्ट्रेलिया...जैरुसलम...।"

"तुम्हारा मतलब, तुम दुनिया-भर में घूमते और मैं तुम्हारे चारों तरफ उपग्रह की तरह चक्कर काटती?"

"नहीं। तुम हिन्दुस्तान में सूरज की तरह जमकर बैठ जातीं और मैं पृथ्वी की तरह तुम्हारे चारों तरफ चक्कर काटता।"

"रोज?"

"रोज। हर घंटा। हर पल। पृथ्वी को रुकना मना है।"

बाप रे! रोज-दर-रोज तुम और बस तुम। सुबह-शाम। हर सुबह। हर शाम सूरज डूबने पर। सूरज निकलने पर। सूरज चढ़ने पर...तब एक दिन महेश वहाँ आता और मुझे उससे प्यार हो जाता।"

"अपना सूरज खोकर मैं दुनिया-भर में भटकने लगता। फिर भी सूरज की यादगार मेरे साथ रहती। मेरी भटकन को धुरी देती। अब क्या है? पाने की लालसा में भटक रहा हूँ। मेरी गति में उन्माद है और...क्या पाना चाहता हूँ...जानता नहीं।"

"यह भी तो हो सकता था, मुझे पाकर और भटक जाते। दुनिया भर में गलत पाने की व्यथा को डुबाते फिरते।"

"नहीं मनु, ऐसा नहीं होता। कभी नहीं होता।"

"अगर होता...?"

"नहीं होता। अगर तुम मेरी बीवी होतीं...इधर आओ...एक चुम्बन दो मुझे।"

"नहीं।"

"क्यों नहीं? मैं तुम्हें प्यार करता हूँ।"

"नहीं, वह सब मत लाओ बीच में। हमारे प्यार को ऐसे ही रहने दो...अमूर्त।"

"अगर तुम मेरी बीवी होतीं...।"

"नहीं रिचर्ड!"

"एक चुम्बन दो मुझे।"

"नहीं।"

"कैसा पागल हूँ। मैं तुम्हारा चुम्बन ले सकता हूँ।"

"नहीं।"

"क्यों नहीं?"

उसने कहा और आगे नहीं बढ़ा, अपनी जगह जड़ खड़ा रहा।

समय बीतता गया...

"क्या हुआ?" मैंने कहा।

"तुम हाँ कहोगी तब, वरना नहीं।"

"नहीं रिचर्ड!"

हम जड़ हो गए।

समय बीतता गया...दिन और हफ्ते-

हम क्लब में मिले और अलग हो गए...एक बिन्दु पर स्थिर।

समय बीतता गया...

अगर मैं रिचर्ड की बीवी होती...अगर रिचर्ड मेरा पति होता...मैं उसके साथ जापान, फूजियामा पर चढ़ती...रिचर्ड पेरिस के आईफल टावर के नीचे मेरा चुम्बन लेता... रिचर्ड मेरी जिन्दगी में न रहा तो...हिन्दुस्तान छोड़कर वह चला गया और कभी लौटकर न आया...लौटा और मुझसे मिला नहीं...

समय लगातार आगे बढ़ रहा है। क्षण-भर को भी स्थिर रहकर हमारी नहीं सुनता। रिचर्ड सिर्फ आठ महीनों के लिए हिन्दुस्तान आया है...आठ महीने बाद वापस लौट जाएगा...अगर वह हिन्दुस्तान न लौटा...लौटा...और मैं उससे न मिल सकी?

बरसों लम्बी वीरान सड़क पर एक छोटा-सा पड़ाव—किसी ऊँचे दरख्त की छाँव में...पल-दो पल...याद-भर के लिए...एक चुम्बन।

"मनु!" उसने कहा।

"क्या?"

"कुछ नहीं, बस मनु।"

समय ने हमारा साथ छोड़ दिया।

"मनु!" उसने कहा।

"हाँ।"

"मनु!"

"क्या?"

"कुछ नहीं, बस मनु।"

समय वीरान होता गया।

न जाने कितने महीने सूख गए।

...मैंने उसका चेहरा हाथों में थामा और चूम लिया।

"मनु!" उसने कहा।

"क्या?"

"कुछ नहीं, बस मनु।"

हम समय के साथ चल पड़े। वीरान सड़क पर एक दरख्त पलने लगा। छाँव मेरे पास सरकने लगी।

23

आज मेरी कविताओं का पहला संग्रह छपकर निकला है।

किताब मेरे हाथ में है। मोटी जिल्द में बँधी। काला कवर। उस पर छितरे लाल चकत्ते। खून के कतरे—बरसात की अँधेरी रात के स्याह आसमान पर। रिसता हुआ लहू रात के अँधियारे में भी चमक उठता है।

...रिचर्ड के सिर पर छाए आसमानों का रंग क्या होगा—रुपहला, सलेटी, दूधिया, आसमानी, चटख नीला या स्याह काला? रिसता हुआ लहू आखिर किन-किन आसमानों के नीचे से होता हुआ बहेगा उस तक?

उसने कहा था—जो लिखो मुझे दे देना, पर आज...कहाँ है रिचर्ड?

कब-कब की लिखी कविताएँ हैं...दस साल के लम्बे दौर की। नहीं, उन्हें तो जैनी ने फाड़ डाला था...तब मेरी पहुँच रिचर्ड तक थी...! कितने साल हुए मेरे खतों को ताबूत में जमा होते—पाँच-छह या शायद सात...पहले मैं दिन गिना करती थी...अब बरस गिनने भी छोड़ दिए...

किताब के कवर पर मैंने हाथ फेरा है। चिकना, साटन-सा स्पर्श।

रिचर्ड-रिचर्ड-रिचर्ड!

कब से आह्लाद का यह क्षण जिया नहीं।

मैंने आँखें बन्द कर लीं।

हाथ चिकने आर्ट पेपर से फिसल जाने दिया...

...रिचर्ड की कमर के बीचोबीच एक लाल मस्सा था...चौड़ा-सपाट...चुटकी में समो लो...दाएँ नितम्ब के ऊपर झाइयों की गुंजलक...हाथ ठहर जाता था...वापस लाल मस्से पर...रपटन को सँभाले नन्ही-नन्ही सीढ़ियाँ...कन्धे की गोलाई के बीच छोटी-सी गढ़ी...

"बिलकुल तुम्हारी ठुड्डी के नाप की...।" रिचर्ड ने मेरी ठुड्डी उसमें

टिकाकर कहा था...मेरे ओंठ उसके घने बालों में खो गए थे...सोंधी गंध नथुनों में बस गई थी...

आँखें बन्द रखूँ तो अब भी हवा का कश भीतर खींच, उसे सूँघ सकती हूँ...

''किताब को सूँघ रही हो?'' महेश ने कहा।

चौंककर मैंने आँखें खोल लीं।

कहा, ''हाँ, ताजी बँधी जिल्द से कैसी तो बास आती है।''

''रोमांच होता है?'' उसने पूछा।

''हाँ...नहीं...किससे?''

''अपना लिखा देखकर।''

''अपनी फैक्टरी देखकर तुम्हें रोमांच हुआ था?''

''हाँ, हुआ तो था।''

''अब भी है?''

''नहीं, अब तो नहीं है।''

मैं हँस दी।

''अब मुझे भी नहीं है।'' मैंने कहा और किताब महेश को पकड़ा दी।

जिल्द पलटकर उसने खोल ली।

अन्दर लिखा है—एक जिप्सी के नाम।

रिचर्ड के नाम। महेश के नाम क्यों नहीं?

क्या है मुझमें कि सिर्फ जिप्सी प्रकृति का आदमी ही मुझे प्यार कर पाता है...या जिम्मेवारी मेरी है...मैं ही सिर्फ जिप्सी को प्यार कर सकती हूँ?

मैं उन लोगों में से हूँ, जो क्षणों में जीते हैं। मुझे प्यार मिले और मिलता ही चला जाए—रोज-दर-रोज, तो क्या मैं उससे ऊब जाऊँगी? मेरे जैसे आदमी के लिए न मिलना वही अहमियत रखता है जो मिलना—उससे कुछ ज्यादा।

मैं उन लोगों में से हूँ जिनके भीतर दुख ग्रहण करने को असीम शून्य मुँह बाए पड़ा रहता है। दुख लेना उनकी प्रकृति है—स्वतंत्र अहं का प्रतीक।

जब दुख हद से गुजर जाता है, वे अट्टहास कर हँसते हैं और विषाद के गड्ढे से बाहर उछल आते हैं। मृत्युदंड से अभिशप्त अपराधी की तरह, अकारण मिले स्वतंत्र क्षणों को उन्मत्त भाव से जीते हैं और उन्माद के सूखते ही, उसी गहरे गड्ढे में वापस कूद जाते हैं।

महेश कई पन्ने पलट चुका है। धीमे सुर में कविता पढ़ रहा है...

आओ, पन्द्रह अगस्त का त्योहार मनाएँ

बेकारी—भूख—गोलीकांड...
अखबारों ने अफवाहें उड़ाई हैं
भला कैसे ये सब मुमकिन है
तीस साल से जब हम आजाद हैं?

जलियाँवाला बाग...हाँ, याद है,
बाहरी हुकूमत का जुल्म...
गोली खाकर मरती ही हैं गुलामी।
पंतनगर में किसानों की हत्या?
बस्तर में मजदूर बस्ती का नाश?

आप ही सोचिए, कैसे ये मुमकिन है?
जब आज हम गुलाम नहीं, आजाद हैं।
बंगाल में अकाल सन् तैंतालीस का
हाँ, भयानक था वह साल।

भूख से तड़पकर मरते ही हैं गुलाम।
मुजफ्फरपुर में अनाज के लिए दंगा?
आंध्र में भूखों के जुलूस पर गोली?
गोदामों में अटे अनाज के बोरे?
राशन की दुकानों के तख्ते खाली?

नहीं-नहीं, कहीं और की बात होगी
यहाँ भला कैसे ये मुमकिन है
तीस साल से जब हम आजाद हैं।
अनाज के दाम गिरने नहीं दिए जाएँगे
सरकार का किसानों को आश्वासन है
बेकारी को और बढ़ने नहीं दिया जाएगा
बेकारों को सरकार की चेतावनी है।

हाँ, यही हुआ होगा, असली बात की तह
खोजबीन पर मिला करती है।
बेकारी कम करने की धुन में
निष्ठावान पुलिसवालों ने जल्दबाजी में

बेकारों के जुलूस पर गोली चला दी।
भूल जाओ वह सब, पन्द्रह अगस्त मनाओ
उसे छोड़ो, उसकी बात पर क्या जाना
ऐसा आदमी जिसका कोई देश न हो
उसके लिए तो हर कौम गुलाम है।

"अकेला आदमी क्या करेगा?" महेश ने कहा।

...कर सकता है। ऐसा आदमी जिसका कोई देश न हो।

...कहीं तो होगा वह।

रिचर्ड, तुम हो तो मेरा न होना मुझे तकलीफ नहीं देता।

एक बार रिचर्ड मेरी किताब देख पाता।

भेजूँ भी तो जानती हूँ, उसे मिलेगी नहीं। जैनी के हाथ लगी तो वह कभी नहीं देगी। इन्हें कविताएँ कहते हो तुम? यह खत ही तो हैं—उसके नाम।

रिचर्ड का स्थायी पता मेरे पास है—लंदन का...दरअसल वह उसका नहीं, जैनी का पता है। रिचर्ड किस वक्त कहाँ होगा, कौन कह सकता है! और जैनी के पते पर रिचर्ड के नाम किताब भेजना-कितना हास्यास्पद है!

मैं हँस भी दूँ तो भला क्या रुक पाएगा...

मेरे दिमाग में नए खतों के मजमून जन्म ले रहे हैं। आज...कल...परसों मैं उन्हें कागज पर उतार लूँगी। अगले बरस मेरी दूसरी किताब तैयार हो जाएगी। फिर एक बार काली जिल्द में बँधी कविताएँ हाथ में होंगी-मेरे खतों का जनाजा...

एक बार रिचर्ड उनके मातमी त्योहार में शामिल हो पाता...एक बार मैं जान पाती वह कहाँ है...एक बार उसका खत मेरे नाम आता...

एक बार फिर...

प्रकाशक ने किताब मेरे हाथ में दे दी है। दो-चार लोग बैठे हैं। किताब एक हाथ से दूसरे हाथ में जा रही है।

"उम्दा छपी है किताब।"

"कवर बढ़िया बना है।"

"पर आर्ट पेपर नहीं लगाना चाहिए था।"

"बिना आर्ट पेपर काला रंग चढ़ता नहीं।"

"चमक नहीं आती।"

"काले पर लाल छींटे...कुछ ज्यादा शोख नहीं हो गया?"

"है तो, पर बिक्री के हिसाब से आकर्षक है।"

"हाँ–आ, असली चीज तो बिक्री है।"

"कविताएँ बेचारी क्या बिकेंगी, लाल रंग लगाओ चाहे पीला।"

"हाँ, कविताएँ कौन पढ़ता है।"

"और जो ये खत हों?" मैंने कहा है

"क्या मतलब?"

"कुछ नहीं।"

प्रकाशक मेरी तरफ घूम गया है।

"आप कविताएँ क्यों लिखती हैं? उपन्यास लिखा कीजिए। बाजार में उपन्यास बिकता है।"

"जी हाँ, उपन्यास हो तो आदमी सफ़र में पढ़ डाले।"

"कविताओं के साथ माथा-पच्ची पूरी है और पल्ले कुछ नहीं पड़ता।"

"आपको कविताएँ लिखने की क्या सूझी?"

"कविताएँ आसानी से फाड़ी जा सकती हैं।" मैंने कहा।

"क्या मतलब?"

"कुछ नहीं।"

"नाम क्या है, देखें।" एक नया आदमी प्रकाशक के कमरे में घुसा है।

"यह क्या नाम हुआ—जिप्सी-मन?"

"जिप्सी-मन? बड़ा रोमांटिक नाम है।"

"पता नहीं आप लोग इतने रोमांटिक नाम क्यों रखती हैं!"

"क्या रोमांटिक है—जिप्सी या मन?" मैंने कहा है।

"जिप्सी-मन...हूँ...पश्चिमी संवेदना का असर मालूम पड़ता है।"

"पर जिप्सियों का सबसे पहला घर तो हिन्दुस्तान है।"

"उससे क्या होता है? यहाँ से कब के खदेड़ दिए गए। अब पश्चिम में शरण पाए हुए हैं।"

"जिप्सी के बजाय अगर आप हिप्पी कहतीं तो?"

"अधिक सामयिक होता।"

"जी हाँ, जिप्सियों का जमाना बीत गया।"

"और मन का?" मैंने कहा है।

"क्या मतलब?"

"कुछ नहीं।"

महेश के दोस्त खाने पर आए हैं।

काम-धन्धे की बात हो चुकी। राजनीतिक बहस जमी नहीं। खाना निबट गया।

रुखसत इतनी जल्दी हो नहीं सकती। बोरियत-भरी अधुचप्पी छाई है। बातचीत के लिए कुछ चाहिए।

"यह इनकी किताब आई है।" महेश ने जिक्र छेड़ा है।

"किनकी? मिसेज गोयल की? अच्छा तो आप लिखती हैं!"

"ओहो...क्या लिखती हैं आप?...कविताएँ..अच्छा-अच्छा...बड़ी अच्छी हॉबी है।"

"देखूँ...हाँ, वक्त भी बहुत होता होगा आपके पास?"

"बच्चे दो ही हैं न? क्या उम्र है? बारह और दस...काफी बड़े हैं।"

"सारा दिन इसी में लगी रहती होंगी आप?"

"बहुत अच्छा है साहब, घर बैठे समय का उपयोग और कमाई की कमाई... क्या मिल जाएगा अन्दाजन आपको इस किताब से?"

"एकाध किलो दीमक।" मैंने कहा।

"क्या मतलब?"

"कुछ नहीं।"

दुपहर का वक्त है। सरदी का मौसम। पड़ोस की दो-चार औरतें मेरे घर आई हैं।

"अरे, आप तो घर से बाहर ही नहीं निकलतीं। क्या करती रहती हैं सारा दिन?"

"मैंने साड़ियों की सेल लगाई है—त्रिवेणी में। आइएगा।"

"आप हमारे लेडीज क्लब की सदस्या क्यों नहीं बन जातीं? क्या करती रहती हैं दिन-भर?"

"इस शुक्रवार को मेरे यहाँ कॉफी पार्टी है—सुबह ग्यारह बजे...जरूर आइएगा।"

"हम बारी-बारी से अपने यहाँ कॉफी पार्टी रखते हैं—गपशप रहती है और एक-दूसरे से कुछ सीख भी लेते हैं। आप भी...।"

"अरे, यह किताब आपने लिखी है?" मेज पर कब से बिसूरती पड़ी कविताओं की किताब पर एक नजर चली गई है।

"जी हाँ।" मुझे कहना पड़ा है।

"क्या है? देखें-देखें। तो यह करती रहती हैं आप!"

"कविताएँ! बाप रे! हमें नहीं पता था आप लेखिका हैं।"

"सुना तुमने? ये लिखती हैं।"

"हाँ। लेखिका हैं तो लिखती ही होंगी।"

"आप हमारे महिला क्लब में आइए न एक दिन। क्यों, इनका प्रोग्राम न रख

लें अपने यहाँ!''

''हाँ, रख सकते हैं। अपनी कालोनी की हैं।''

''हम लोग सांस्कृतिक कार्यक्रमों को बहुत बढ़ावा देती हैं। आप अपनी कविताएँ सुनाइए एक दिन।''

''पर सुनो, साथ में चाय-कॉफी जरूर रख लेना, वरना... ।''

''माफ कीजिएगा, मैं कविता पाठ नहीं करती।'' मैंने कहा।

''फिर लिखती क्यों हैं?''

''क्योंकि दुनिया-भर में घूम नहीं सकती।''

''क्या मतलब?''

''कुछ नहीं।''

बस, एक बार...रिचर्ड...तुम मेरी कविताएँ पढ़ पाते!

फिर एक-एक पन्ना करके मैं इन्हें फाड़ डालती।

एक हजार प्रतियाँ। हर प्रति में एक सौ चालीस पन्ने। यह भी तो वक्त काटने का बुरा उपाय नहीं।

24

समय को मैंने दीवार के आले में टिका दिया है।

कुछ दिन पहले मेरी पाँचवीं किताब छपी है। सावधान की मुद्रा में खड़ी पहली चार किताबों के साथ, वह भी आले पर जा लगी है। सामने काँच के पल्ले बन्द हैं। हमेशा बन्द रहते हैं। जो धूल सेंध लगाकर अन्दर घुस जाए, उन पर जम जाती है। मैं उन्हें खोलकर नहीं देखती। जरूरत क्या है? काँच की आड़ से देखकर ही पता चल जाता है, पाँच खंड समय बीत चुका।

एक के बाद एक मेरी किताबें छपती जा रही हैं। पहले कविताएँ लिखीं, फिर कहानियाँ और अब उपन्यास।

''बद्दुआ मत दो। कहीं मुझे उपन्यास न लिखना पड़ जाए।'' मैंने रिचर्ड से कहा था।

मेरे प्रकाशक ने ठीक कहा था। उपन्यास लिख लेने पर लोग मेरा नाम जानने लगे हैं।

''तुम्हारे नाम के मतलब क्या हैं?'' रिचर्ड ने एक दिन पूछा था।

''मतलब क्या?'' मैंने कहा था, ''बस एक ध्वनि है जो तुम्हारे मुँह से निकलकर मेरे कानों में घुल जाती है।''

किताब की जिल्द पर छपा मेरा नाम, वह हरफ है जो ध्वनि बनने का मोहताज रहेगा। रिचर्ड उसका उच्चारण नहीं करेगा। नहीं... ?

एक के बाद एक मेरे बाल सफेद होते जा रहे हैं। दर्पण के सामने पड़ने पर अब आँख गड़ाकर देखने की जरूरत नहीं होती।

माँग के दोनों तरफ बालों की जड़ें सफेद पड़ चुकीं। सर्पीली सफेद दो पगडंडियाँ।

''आओ, पगडंडियाँ खोजें।'' रिचर्ड ने कहा था।

पगडंडियाँ समान्तर रेखाएँ नहीं होतीं। भटक-भटककर आगे बढ़ती हैं। अलग-

अलग पगडंडियों पर चल रहे दो प्राणी कभी भी आपस में टकरा सकते हैं।

...पर...कब... ? क्या तीस साल बीत चुके?

रिचर्ड के सिर के आधे बाल सफेद हो चुके, पर झड़े नहीं हैं। हैं अब भी उसी तरह घने। सुनहले धागों से बना झुरमुट। भँवों में भी कभी-कभी चाँदी का तार चमक उठता है—रोशनी पड़ने पर।

आँखों की कोरों पर महीन झुर्रियों की बहार...

आज दर्पण में देखा—दो गहरी झुर्रियाँ और खुद आई हैं रिचर्ड के चेहरे पर। नाक से लेकर ओंठों तक। दोनों तरफ के गाल अपनी-अपनी खाई से डूब गए हैं। मेरे बालों में खिचीं सफेद पगडंडियों जैसी दो डगमग रेखाओं की खाइयाँ।

रिचर्ड की उम्र मेरे साथ-साथ बढ़ रही है...रिचर्ड उम्र से पहले बूढ़ा हो रहा है...मुझे इन्तजार है...

आज शाम से बिजली कटी हुई है। फिर भी मैने दर्पण नहीं छोड़ा है। मोटी मोमबत्ती की लौ उसके आगे कर दी है। सामने से हटने को मन नहीं है। कमरे में चितकबरा अँधेरा है...बस, दर्पण पर रोशनी है...

''रिचर्ड,'' मैंने कहा ''मेरी पाँचवीं किताब छपी है...देखोगे?''

वह मुस्कराया। झुर्रियाँ गहरा गईं।

''और कितनी किताबें लिखोगी?'' उसने पूछा।

''जब तक तुम हो तब तक...क्या मालूम कितनी... !''

''सन्तोष होता है?'' उसने पूछा।

''नहीं''

''खुशी?''

''नहीं।''

''गर्व?''

''नहीं।''

''थकान?''

''हाँ, रिचर्ड, नींद लाने वाली थकान।''

''और क्या चाहिए? रात को नींद और दिन में थकान।''

''यही सार है जिन्दगी का?''

''हाँ। दिन-भर काम, रात में आराम। बस।''

''पर...किताबें लिखना...काम है भी यह? उनसे फायदा?''

''पढ़ने वालों से पूछा है कभी?''

"तुमने तो पढ़ी नहीं।"

"मैं जानता हूँ तुम क्या लिखती होगी। अभी लिखोगी और?"

"नहीं...शायद...हाँ।"

पर...जो मैं ढूँढ़ रही हूँ, बहुत गहरे छिपा है। रेतीले कगारों के गर्भ में, बहुत अन्दर। आग उगलता सूरज सिर पर है...मैं नाखूनों से रेगिस्तान की रेत उँड़ेल रही हूँ...तपती बालू ने अँगुलियों पर फफोले सेंक दिए हैं...खोदते-खोदते नाखून टूट गए हैं...पोरों से खून रिसने लगा है...यह कैसा सूरज है जो कभी नहीं ढलता। यह कौन-सा देश है जहाँ रात नहीं होती...अँधेरा नहीं झरता...नींद नहीं आती...महीनों। ढूँढ़ पाने से पहले थकान सिर चढ़ जाए तो किसी अकेले रेत के ढूह के साए में घुमेर खाकर गिर पड़ूँ और सो रहूँ...। जगूँ तो आले पर एक और किताब हो...

"मैं मिस्त्र के रेगिस्तान से लौटा हूँ अभी।" मैंने सुना।

"कुछ मिला वहाँ?"

"हाँ।"

"क्या?"

"इन्सान।"

"वह तो हर जगह है।"

"फिर ढूँढ़ क्यों रही हो?"

"रिचर्ड!" मैंने आवाज दी।

दर्पण स्याह पड़ गया। सूना रेगिस्तान मिट गया।

मेरे सामने घना जंगल है...गुत्थमगुत्था बेलों का अनन्त झँखाड़...पेड़ों पर घटाटोप लदी लहरियाँ लतरें...झाड़ियाँ और काँटे...बेपनाह भीड़...आदमी सूने रेगिस्तान में खोता है और भरे-पूरे जंगल में भी...किनकी भीड़ है यह...इन्सानों की या पौधों की...

स्थितप्रज्ञ पेड़, दूसरों पर लदी लहलाती लताएँ, काँटे काढ़े झाड़ियाँ, पैरों तले की घास जो रौंदे जाने पर भी नहीं मरती...झुक-झुककर, मुड़-तुड़कर जीती चली जाती है...

तो झुकूँ मैं भी, घास को सहलाऊँ और...उसी के बीच अपने को खो दूँ? इस भयंकर अकेलेपन से छुटकारा मिल जाएगा तब?

यह कैसा अकेलापन है जो भीड़ के बीच से जबरन मुझे खींचकर अपनी गिरफ्त में ले लेता है और...छोड़ता ही नहीं...

...मैं रास्ता ढूँढ़ रही हूँ...कीच सनी लम्बी घास में, बार-बार घुटनों तक पाँव

धँस जाते हैं...टहनियाँ तोड़ने को हाथ आगे बढ़ते हैं और पत्ते नोंचकर लहूलुहान लौट आते हैं...हर पत्ते के नीचे काँटे हैं...हथेलियाँ बिंधकर छलनी हो गई हैं...बूँद-बूँद खून टपक रहा है...हर रोमछिद्र से पसीना...लथपथ-लाचार, मैं किसी काँटेदार झाड़ी पर बिछ जाऊँगी और आँखें मूँद लूँगी...

...जब आँखें खोलूँगी तो...एक और किताब?

"मैं कोंगो के जंगल से लौटा हूँ।"

"काट लिया जंगल?"

"हाँ।"

"मिला क्या?"

"वही।"

"फिर इन्सान?"

"हाँ। सिर्फ इन्सान।"

"कहाँ रिचर्ड, कैसे मिलेगा मुझे इस भीड़ में?"

रिचर्ड जवाब क्यों नहीं देता? दर्पण बार-बार तारीकी में क्यों डूब जाता है? क्या मैं जवाब चाहती नहीं? क्या तारीकी ही जवाब है?

यह क्या हुआ...

दर्पण टुकड़े-टुकड़े हो गया...

कैसा विस्फोट था! निःशब्द। धमाका नहीं हुआ। बिजली नहीं गिरी। जमीन से लावा नहीं फूटा। बस, मेरा दर्पण दरारों से भर गया।

टूटकर नीचे नहीं गिरा। सैकड़ों टुकड़ों में बँटकर भी फ्रेम में टँगा है। हर टुकड़ा अपनी जगह चस्पाँ।

कैसा प्रतिबिम्ब है यह रिचर्ड का। सिर का एक भी बाल सफेद नहीं। सब चटख सुनहरे। और चेहरा, किरच-किरच बँटा पर झुर्री एक भी नहीं।

नहीं-नहीं, मुझे रिचर्ड का आज का रूप चाहिए। सफेद बाल। झुर्रियों से भरा चेहरा। सम्पूर्ण। टुकड़ा-टुकड़ा बँटा नहीं...रिचर्ड-रिचर्ड!

सरसराकर मोमबत्ती बुझ गई। कमरे में घुप अँधेरा हो गया।

रिचर्ड, बोलो! कहो न एक बार तुम हो। कहीं भी...मिस्र के रेगिस्तान में...कोंगो के जंगल में...आइसलैंड के ग्लेशियर पर...तुम हो...बस हो...कहीं भी बोलो रिचर्ड...एक बार मेरे दर्पण पर फिर उभरकर आओ न रिचर्ड...

सिर्फ एक बार...

रात के सन्नाटे में मेरी आँख खुल गई।

लगा, कोई मेरे अँधेरे कमरे में आया। दाएँ कोने से प्रकाश का सोता फूट निकला। हाँ, कुछ आकृतियाँ होती हैं, जिनकी परछाइयाँ भी रोशनी फेंकती हैं।

ऐसी ही आकृति है यह...

प्रकाश की अभ्यस्त हो जाने पर मैंने देखा...

सफेद सूती धोती का सादा किनारा। सिर पर लिपटा पल्ला। पूरी आस्तीन का सफेद जफर। बंगाली विधवा का-सा वेश। झुर्रीदार चेहरे पर अपूर्व लावण्य।

मैं एकटक उसे देख रही हूँ...आकृति की आलोकित परछाई धीरे-धीरे पीछे सिमटने लगी है। नहीं, यूँ जाने नहीं दिया जा सकता। दौड़कर थाम लेना होगा।

"मदर टेरेसा! मदर टेरेसा!" मैं हाथ फैलाकर चीख पड़ी हूँ।

परछाई दीवार पर सिमट आई है। उस अपूर्व लावण्यमय मुख पर आमंत्रित करती मुस्कान है।

मैंने हाथ बढ़ाकर सफेद धोती का किनारा मुट्ठी में भींच लेना चाहा है और...दुबारा मेरी आँख खुल गई है...

कमरे में कोई नहीं है। मैं जानती हूँ, मैंने ख्वाब देखा था। हर रात देखती हूँ। या दिन-भर ख्वाब में जीती हूँ और रात को उससे बाहर निकलने का रास्ता तलाश करती हूँ। जानती हूँ, तलाश रास्ते की नहीं, मंजिल की होती है। मुझे मंजिल न सही, रास्ता ही मिल जाए। सिर्फ यह पता चल जाए, मैं किस रास्ते की तलाश करूँ। जिन्दगी की आखिरी साँस तक मैं उसे ढूँढ़ती रहूँगी...साँस लूँगी क्योंकि अभी ढूँढ़ना बाकी होगा। तलाश के बिना जिन्दगी के मानी क्या हैं?

मदर टेरेसा। कलकत्ता। वही मजलूम बस्तियाँ जहाँ कभी रिचर्ड ने काम किया था।

सब कुछ खो चुकने पर हमें उनका ख्याल आता है। हम छोटे लोग जो हैं। सब-कुछ होते हुए जिसे उनका ख्याल रहे उसे...बस, प्यार किया जा सकता है।

क्यों रिचर्ड, तुम्हें वह ज्योतिषी याद आ रहा है, जो दिल्ली की सड़कों पर आवारागर्दी करते हमें मिला था?

मेरा हाथ देखकर उसने कहा था, "तुम या पागल हो जाओगी या भिक्षुणी बन जाओगी।"

तुम जोर से हँस पड़े थे।

"असम्भव," तुमने कहा था, "तुम न पागल होगी, न भिक्षुणी बनोगी।"

"क्यों नहीं," मैंने कहा था, "भविष्य के बारे में तुम क्या जानते हो? मैं ही क्या जानती हूँ और जब हम जानते नहीं तो कुछ भी सम्भव है।"

"एक बार हँसो।" तुमने कहा था।

"क्यों भला?" मैंने पूछा जरूर था, पर हँस दी थी।

"नहीं, तुम न पागल होगी, न भिक्षुणी बनोगी।" तुमने दुहराया था।

"और तुम, मुझे लगता है, पागल हो चुके। अब कहोगे, एक बार रोओ और फिर दुहराओगे...नहीं, तुम न पागल होगी, न भिक्षुणी बनोगी।"

"एक बार रोओ।" तुमने फौरन कहा था।

मैं और खुलकर हँस दी थी।

"देखा," तुमने कहा था, "जो इस तरह खुलकर हँस सकता है, वह न पागल होगा, न...।"

"ठीक है, सुन लिया। कितनी बार कहोगे?"

तुमने ठीक कहा था? मेरी हँसी मुझे बचा लेगी? पर उस दिन क्या होगा जिस दिन पता चलेगा...तुम नहीं रहे...

बीच का कोई रास्ता नहीं है क्या रिचर्ड?

मैं पागल हो जाऊँ पर इतनी नहीं कि पागलखाने में बन्द होना पड़े। बस इतनी कि अपना घर छोड़कर कलकत्ते की गन्दी बीमार बस्तियों में शरण ले लूँ और मदर टेरेसा की अनुगत होकर भी भिक्षुणी न बनूँ!

25

अगस्त का महीना है। तीन दिन से लगातार बारिश हो रही है।

दिन के तीन बजे हैं। मेरे कमरे में गुफा-सा अँधेरा है।

दिन का अंधकार खतरनाक होता है। रात का अँधेरा नींद लाता है, दिन का अँधेरा ख्वाब। हर मुश्किल आसान नजर आने लगती है।

वर्षा की बूँदें मेरे बालों की तरह सफेद हैं। पीछे कभी अँधेरा झिलमिला जाता है, कभी उजाला। बाहर बारिश बरस रही है, भीतर ख्वाब पल रहे हैं...

...मान लो, इतने बरस बाद, सहसा आज, अभी रिचर्ड आकर मेरे कमरे की देहरी पर खड़ा हो जाए...

आसमान स्याही उँडेल रहा है...बारिश सफेदी...सब कुछ सम्भव है...

यह शायद बरगद का पेड़ है। घनेरा। हम उसके नीचे बारिश से बचने के लिए नहीं, भीगकर सुस्ताने को घुसे हैं।

आसमान तोप की तरह स्याह है। बरगद के नीचे झुकमुक छाँव है।

सिर पर छाया छप्पर चू रहा है। पारे-सी झिलमिल बूँदें मुख से शरीर पर फिसल रही हैं।

बाहर बारिश जोर पकड़ रही है। अभी हम और भीगेंगे। मुझे बारिश में भीगना बहुत अच्छा लगता है।

''तुम निआगरा फॉल्स के नीचे नहाई हो?'' उसने पूछा है।

''तुमने वैसूवियस पर भुट्टे भूने हैं?'' मैंने जवाबी सवाल किया है।

''चेरापूँजी में बारिश होती है तो लगता है निआगरा फॉल्स के नीचे बैठे हैं।'' उसने कहा।

''ओह...उस तरह।'' मैं हँस पड़ी हूँ।

''भुट्टे खाओगी?''

''कहाँ हैं?''

"नहीं है।"

"तब?"

"अगर हमारे पास भुट्टे होते तो हम उन्हें आग पर भूनकर खा सकते थे...।"

"अगर आग होती।"

"अगर तुम शादीशुदा न होतीं तो मैं तुमसे शादी कर लेता...अगर मैं शादीशुदा न होता।"

हम दोनों हँस दिए। हँसते-हँसते पास सिमट आए। उसने मेरा भीगा मुँह चूम लिया।

"आग जलाएँ?" उसने पूछा।

"इतनी बरसात में?"

"तो क्या धूप में जलाएँगे?"

"जलाओगे कैसे?"

"गड्ढा खोदो। नीचे मिट्टी सूखी होगी। बरगद की जड़ में ढूँढ़ो। सूखी लकड़ियाँ मिल जाएँगी। एक के ऊपर एक, आड़ी-तिरछी रखो। पत्थर रगड़ो...और आज खाओगी क्या?"

"कुछ नहीं मिला?"

"नहीं। बारिश के झुटपुटे में शिकार, अँधेरे कोनों में ढूँढ़ छिप जाता है। आज कुछ मिलने से रहा।"

"कल?" मैंने ऊपर देखा।

"यह बरगद का पेड़ है।"

"हम यहाँ क्यों आए?"

"हम प्रेमी हैं—अभिशप्त।"

"वे लोग पत्थर मार-मारकर हमारी जान ले लेंगे।"

"अगर पकड़ सके।"

"आग मत जलाना।"

"हाँ। आग गरमाई देती है तो रोशनी भी।"

"रोशनी में साए मिट जाते हैं। हम तभी तक हैं जब तक...।"

कमरे में अँधेरा बढ़ता जा रहा है।

बाहर बारिश ऊँघ-ऊँघकर बरस रही है।

दबे पाँव रिचर्ड भीतर आया है।

"आसमान तुम्हारे बालों की तरह स्याह है।" उसने कहा है।

मैं भौचक हूँ। यह किस युग में जी रहा है...अब तक।

"आग जलाएँ?" उसने पूछा है।

हाँ, यहाँ डर नहीं है। प्रेमियों को पत्थर फेंककर मारने की प्रथा अब नहीं रही। आजकल प्रेमी सभ्य हो गए हैं। समाज से भागकर गुफाओं में पनाह नहीं लेते। सामाजिक नियमों का उल्लंघन कर भी जाएँ तो कुछ दिन बाद स्वयं लौट आते हैं, और खुद अपने-आपको जिन्दा मौत के हवाले कर देते हैं।

जब तक भगवान था, इन्सान अपराध करता था, सजा की जिम्मेवारी भगवान पर छोड़ देता था। कभी साफ बच निकलता था, कभी सजा पहले मिल जाती थी, अपराध करने की छूट अगले जन्म में। स्थिरबुद्धि समाज भगवान भरोसे सुरक्षित था। अब भगवान नहीं रहा, तमाम जिम्मेवारी व्यक्ति पर आ पड़ी। फिर भी समाज अपनी जगह ठहरा हुआ है—आदमी सभ्य जो हो गया। समाज से विद्रोह करता है तो स्वयं अपने को अपराधी मान, सजा सुना देता है।

जब हम सभ्यता के शिखर पर पहुँच जाएँगे तो जो भी अपराध करेंगे मिल-जुलकर, आपसी सलाह-मशविरे से, सामूहिक जयनाद के साथ। उन्नीस सौ उनतालीस में जर्मनी सभ्यता के शिखर पर था न? और इंग्लैंड को सभ्य हुए तो शताब्दियाँ बीत गईं।

फिर रिचर्ड आज मेरे पास कैसे लौट आया?

"आग जलाएँ?" उसने फिर पूछा।

"अगर तुम्हें डर न हो।"

आग जल उठी...या बाहर बिजली चमकी...बारिश की नींद खुल गई...

"बारिश की लड़ियाँ तुम्हारे बालों की तरह सफेद हैं।" रिचर्ड ने कहा।

समय का अन्तराल बह गया...

रिचर्ड कल की गिरफ्त से बाहर आ गया।

उसने मुझे अपनी ढीली बाँहों में घेरा और झुर्रियोंदार चेहरा मेरी गोद में छिपा लिया। मैं उसके सफेद बालों में अँगुलियाँ चलाने लगी।

...मैंने उसका मुँह ऊपर उठाया और नाक के दोनों तरफ खुदी गहरी लकीरों को अँगुलियों की पोरों से भर दिया।

...उसने मेरी आँखों के कोनों के पास बिछे झुर्रियों के जाल को छुआ और हथेलियों को अबलख बालों की बौछार से भर लिया...

...हमारे चेहरे एक-दूसरे की तरफ बढ़े और ठंडे नीले ओंठ आपस में मिल गए...

इतने बरस बाद मिलने पर यही होता है? हम समय के पदचिह्न गुनते रहते हैं? क्या सपने भी इतने सही हुआ करते हैं?

रिचर्ड ने अपनी जबान से मेरे ओंठों को गीला किया और पूछा—''तुम निआगरा फॉल्स के नीचे नहाई हो?''

कमरे में बरगद का पेड़ उग आया। घनेरा। बाहर बारिश जोर पकड़ने लगी। बिजली बार-बार चमक उठी। बरगद के नीचे झुकमुख छाँव घिर आई। आसमान तोप-सा स्याह पड़ गया। मेरे बाल उसके रंग में रँग गए।

उसके ओंठों ने हरकत की। मेरी देह की ऊष्मा उनमें भर गई। ओंठ जल उठे।

''अपने ओंठों पर कभी तुमने भुट्टे भूने हैं?'' उसने पूछा।

मैंने उसे बाँहों में मसल डाला। उसके चेहरे से झुर्रियाँ मिट गईं। बालों से सफेदी रूठ गई। ढीली बाँहों में कसाव आ गया। मेरे हल्के हो आए शरीर को उन्होंने पास समेटा...लिहाज कर बिजली बादलों की ओट हो गई। बारिश की बौछार ने पर्दा कर दिया। मैं और रिचर्ड सभ्य अपराध और सजा की जिम्मेवारी से बरी हो गए।

''अँधेरे में बैठी हो?'' खट् से बत्ती जल गई।

महेश को रोशनी से लगाव है। रोशनी उसका स्वभाव है। अँधेरे से उसका साबका नहीं पड़ा और पड़ा भी तो उसने रोशनी को चुना।

''अँधेरे में क्यों बैठी हो? तबीयत तो ठीक है?'' उसने फिर कहा।

''दिन है।'' मैंने कहा।

''पर रात-सा अँधेरा है। कितनी मूसलाधार बारिश है। रास्ता चलना मुश्किल हो गया। पेड़ के नीचे पनाह लेनी पड़ी।''

मैंने आँखें बन्द कर लीं। सामने बरगद का पेड़ उग गया। रिचर्ड मेरी आगोश में लौट आया। अँधेरा अपना निजी होता है, बाहर चाहे कितनी भी रोशनी क्यों न हो।

''आज तो भुट्टे खाने का दिन है।'' मैंने सुना।

''तुमने वैसूवियस पर भुट्टे भूने हैं?'' मैंने पूछा।

''क्या, क्या कह रही हो?''

''कुछ नहीं।''

''सपना देख रही थीं?''

''हाँ।''

''दिन में?''

''नहीं, सूरज लिहाज कर गया। निकला नहीं।''

''क्या मतलब?''

"कुछ नहीं।"

'तुम्हारी तबीयत ठीक न हो तो चाय मैं बना लूँ?"

"नहीं, तबीयत बिलकुल ठीक है।"

"सो गई थीं?"

"नहीं," मैंने कहा, "दिन की रोशनी में भला कोई सोता है!"

नहीं, अँधेरा भी निजी नहीं होता। हर चीज में साझा करना पड़ता है।

"मैं चाय लाती हूँ।" मैंने कहा।

"इतने कपड़े बदल डालूँ। भीगकर चोड़ा हो गए।" महेश ने कहा।

"हाँ बदल डालो। आग जलाने की जरूरत नहीं है।"

"आग? कैसी आग?"

"चूल्हे की।" मैंने कहा और ठठाकर हँस पड़ी।

महेश भौंचक मुझे देखता रहा।

मैंने नजर जलते बल्ब की तरफ कर ली। पास जाकर उसकी गीली कमीज की बाँह पकड़ी और सावधानी से कहा, "जाओ, कपड़े बदल लो। मैं चाय बनाती हूँ। चूल्हे की आग है नहीं, गैस पर ही भुट्टा भून देती हूँ। मुझे यकीन है, अब जरा देर में बारिश थम जाएगी। सूरज निकल आएगा। दिन के अँधेरे का खतरा टल जाएगा।"

मैं रसोईघर में पहुँच गई। गैस के संक्षिप्त, सीमित-सभ्य दायरों में आग जलाई। एक पर पानी का भिगौना चढ़ा दिया, दूसरे पर भुट्टा रख दिया।

बाहर बारिश बराबर बरस रही है। रसोईघर को आसमान की स्याही पी गई है। मेरे चारों तरफ झुकमुखी अँधेरा है। बस, सामने दो छोटे गोल दायरों में बँधी आग जल रही है।

...चाय बनेगी, भुट्टा भुनेगा...हम लोग रोशनी के नीचे साथ बैठकर खाएँगे-पिएँगे...

पर...अभी देर है...कुछ क्षण अँधेरा और पल सकता है।

मैंने आँखें बन्द कर ली हैं...बरगद की घनेरी छाया के बीच पहुँच गई हूँ...रिचर्ड मेरे साथ है...

रोशनी में साझा करते चलो—अँधेरा टूट-टूटकर भी भीतर पल लेगा।

मेरे हमसफर,

वह देखो, सामने मोड़ है। उस पर मुड़ जाओ। अभी मौका है। आगे निकास नहीं मिलेगा। वापस लौटना पड़ेगा। अच्छा नहीं लगेगा न? सफर में लौटना कोई नहीं चाहता।

देखो, कितना घुमावदार मोड़ है। इसका रुझान चौड़ी सड़कों पर है। तुम इस पर घूम जाओ। ठंडी सड़कों पर सफर करो। तुम्हारा सफर शाद होगा।

मेरा साथ छोड़ो। इस सड़क पर जो आता है उसके हाथ सिर्फ भटकन लगती है। जानते हो, यह सफर अन्तहीन है। अभी तुम्हें दीख नहीं रही, पर कुछ ही दूरी पर ठोस दीवार रास्ता रोके खड़ी है। चाहो तो उस पर सिर दे मारो, चाहो लौट जाओ।

चलो और लौटो...चलो और लौटो...लक्ष्यहीन, आकर्षणविहीन, शून्य की लम्बी वीरानी पर चलो और लौटो...आराम कहाँ...इस सड़क पर हमेशा दोपहर रहती है।

दो-चार पेड़ जो थे, सूख गए। इतनी तेज धूप है कि आँखें चौंधिया रही हैं। आसपास का दीखना तक बन्द होता जा रहा है। इस सड़क पर आदमी हमेशा अकेला भटकता है।

देखो, बात मानो, मोड़ पर कदम बढ़ा लो। मेरे साथ चले तो अस्तित्व मिट जाएगा। मुझे तुम दीख तक नहीं रहे। कैसे दीखोगे? मेरे लिए न वर्तमान है न भविष्य। मेरे व्यतीत में तुम थे नहीं। मैं आज नहीं कल जिन्दा थी। मेरा कल आज भी जिन्दा है...वह नहीं तब भी...

...हाँ, अगर इस सड़क पर पेड़ लगाऊँ...न सही मेरा भविष्य, औरों का तो है...

जाओ, अब तुम जाओ। मुझे इस वीरान सड़क के दोनों किनारों पर पेड़ लगाने हैं, कल के नाम पर। हर क्षण की याद में एक पेड़।

कुछ वर्षों बाद तुम यहाँ आना। यह शहर की सबसे छायादार सड़क होगी।

चाहो तो किसी पेड़ की छाया में बैठकर मेरी कहानी याद कर लेना। पर आना तुम तब जब मेरा भटका सफर खत्म हो चुका हो...।

परिशिष्ट–1

एक रात जब मैं गिरफ्तार हुई

बात जनवरी, 1980 की है। रात के करीब साढ़े नौ बजे होंगे कि मेरे दरवाजे पर खट–खट हुई। मेरे पति शहर से बाहर थे और सोलह और चौदह साला बेटे फिल्म देखने गए हुए थे। शीघ्र ही किसी क्षण वापस आने वाले थे। घर पर अकेली मैं, रात का खाना बनाने में मशगूल थी। खट–खट के बाद जोर से घंटी बजी और फिर बेसब्री से बजती ही चली गई। बेटे ही होंगे, सोच मैं गैस पर सब्जी उबलती छोड़, दरवाजे की तरफ दौड़ी। दरवाजे पर मेरे कमउम्र बेटे नहीं, दो अजनबी जवान खड़े थे। इतनी रात को बिना इत्तिला, अनजान मर्दों के घर आने से कुछ अचम्भित, मैं पति के घर पर न होने की जानकारी देने ही वाली थी कि उनमें से एक ने कड़ककर पूछा, "मृदुला गर्ग?"

"हाँ!" मैंने कहा।

"यह किताब आपने लिखी है?" मेरे उपन्यास 'चित्तकोबरा' की प्रति हवा में लहराते हुए उसने पूछा।

"हाँ! बिलकुल!" मैंने प्रफुल्लित स्वर में कहा। एक लेखक की किताब हाथ में लिये कोई अजनबी अचानक प्रकट हो तो बेचारा प्रफुल्लित नहीं तो क्या होगा? लेखकीय अहम् ठहरा!

"पुलिस!" अब वह अपना पहचान–पत्र हवा में हिला रहा था, "आपको अरेस्ट करने आए हैं।"

"क्या?"

"गिरफ्तार!" उसने पहले अंग्रेजी में अरेस्ट दुहराया फिर मेरी सुविधा के लिए हिन्दी में गिरफ्तार कहा।

"मैं गिरफ्तार का मतलब समझती हूँ, अंग्रेजी–हिन्दी दोनों में!" मैंने खीजकर कहा, "पूछ यह रही हूँ, कि किस खुशी में?"

''किताब के लिए।'' उसने उपन्यास दोबारा हवा में लहराया, कहा,''पेज नम्बर 110-112 अश्लील हैं।''

''यकीनन नहीं!'' मैंने इतनी सख्ती से कहा कि उसने वक्तव्य में संशोधन करते हुए कहा, ''उन पर अश्लीलता सम्बन्धी एक्ट यू/एस आई.पी.सी.292 के अन्तर्गत कानूनी कार्रवाई होगी।''

शब्दों के हेर-फेर से बेइज्जती में भला क्या फर्क पड़ना था! अश्लील! मेरा उपन्यास! वह भी चित्तकोबरा!

मुझे साप्ताहिक हिन्दुस्तान के सम्पादक याद आए। उपन्यास में काम-क्रिया का ब्यौरेवार वर्णन न करने के लिए उन्होंने मुझे आड़े हाथों लिया था। समझाया था कि आधुनिकता की कसौटी पर वह करना एकदम जरूरी है। मैंने नहीं किया तभी हिन्दी साहित्य के आधार-स्तम्भ लेखक जैनेन्द्र ने एक गोष्ठी में बाकायदा घोषित किया था, 'शारीरिक वर्णन है जहाँ, सबसे गहरी प्रसन्नता मुझे इस बात की है कि—वहाँ शारीरिकता में पाठक नहीं रहता। इतनी कुशलता मेरे देखने में नहीं आई। मेरे जैसे व्यक्ति के दिमाग में भी अश्लील शब्द नहीं आता।'

वह सब याद करते हुए मैंने संवेग से लबालब, वे छब्बीस पराबौद्धिक दिन दुबारा जिए, जिनमें करीब-करीब समाधि की स्थिति में मैंने वह उपन्यास पूरा लिख डाला था।

उपन्यास के वे तीन पन्ने जो अब कानूनी कार्रवाई के शिकार हो रहे थे, एक ऐसी औरत की मानसिक प्रताड़ना को अभिव्यक्त करते थे, जो शारीरिक रूप से पति के साथ काम-क्रिया में यंत्रवत् भागीदारी करती हुई, मन से उसमें बिलकुल रत नहीं थी। प्रामाणिक और सजीव चित्रण के लिए अनिवार्य था कि सम्भोग और कामोन्माद के दौरान, मस्तिष्क और शरीर के द्विभाजन को, बिना भावुक हुए, निष्ठुरता से, यांत्रिक विस्तार में चित्रित किया जाए। उस क्रूर निरूपण का नतीजा यह हुआ था कि उस अंश से तमाम कामुकता छँट गई थी। उसे उबाऊ तो करार किया जा सकता था पर उत्तेजक किसी हाल नहीं। ऐसा विवरण साहित्य की किस व्याख्या के अन्तर्गत अश्लील हो सकता था, मेरी समझ से बाहर था।

और यह भी कि इस बकवास पर मुझे ठहाके मारकर हँसना चाहिए या अपार गुस्से से भरकर, रोना?

''उसमें अश्लील क्या है?'' मैंने पूछा।

''हमें नहीं मालूम।'' उन्होंने रोनी आवाज में कहा।

''इस विषय पर लिखे दर्जनों अन्य उपन्यासों पर कार्रवाई क्यों नहीं हुई?''

''हमें नहीं मालूम।''

''निस्संदेह आपको नहीं मालूम। कैसे होगा? आप किताबें पढ़ते हैं? नहीं न।''

''नहीं।'' एक ने हवा में मेरी किताब लहराते हुए ठसके से कहा जबकि दूसरा कुछ शर्मिन्दा नजर आया।

उसकी शर्मिन्दगी से हौसला पाकर, मैंने अनायास उससे पूछा, ''आप कौन हैं?''

''मैं भी सब-इंस्पेक्टर हूँ। गिरफ्तारी के लिए प्राय: दो जन भेजे जाते हैं; ज्यादा सुरक्षित रहता है।''

''किसके लिए?'' मेरी हँसी निकल गई, ''पुलिस या मुल्जिम के लिए?''

''आप नहीं जानतीं, अकेली औरत को गिरफ्तार करना कितना मुश्किल होता है।''

''मैं इस वक्त यहाँ बिलकुल अकेली हूँ।'' अन्तर्मन की आवाज समझिए कि अनायास मुँह से निकल गया।

उनके चेहरे जर्द पड़ गए और वे एक दूसरे को घूरने लगे।

''माई गॉड!'' कहती मैं रसोई की तरफ दौड़ी।

''प्लीज, घबराने की कोई बात नहीं है।'' खुशामदी लहजे में मुझे बहलाते, वे मेरे पीछे-पीछे अन्दर चले आए।

''आपके लिए कहना आसान है।'' मैंने कहा, ''सारी सब्जी जलकर कोयला हो गई है और दोनों बेटे खाना खाने किसी क्षण घर पहुँच सकते हैं।''

''हम माफी चाहते हैं पर क्या करें, ड्यूटी तो करनी है।''

''मैं समझती हूँ। ऐसा करती हूँ, प्रेशर कुकर में आलू उबाल लेती हूँ। वही सबसे जल्दी हो सकेगा। आप कुछ और सुझा सकते हैं?''

''नहीं-नहीं।'' उन्होंने तत्काल कहा।

मैं आलू उबालने में व्यस्त हो गई। वे एक दूसरे का चेहरा ताकते खामोश खड़े रहे। फिर चुप्पी तोड़, 'एलिस इन वन्डरलैंड' के ट्वीडलडम और ट्वीडलडी की तरह, एक साथ बोले, ''मैडम, कृपया किसी गवाह को बुला लें ताकि हम आपको अरेस्ट कर सकें।''

''अरेस्ट!'' कुकर का ढक्कन खोलने में व्यस्त, मैं बुदबुदाई।

''गिरफ्तार।'' उन्होंने हिन्दी में तर्जुमा किया।

''मैं अर्थ समझती हूँ लेकिन आप करेंगे कैसे?''

वे पुन: एक दूसरे को ताकने लगे।

''आप बैठक में जाकर बैठिए और इस मसले पर विचार कीजिए। तब तक मैं चाय बनाती हूँ। मुझे उसकी सख्त जरूरत महसूस हो रही है, आप लेंगे?''

''नहीं-नहीं,'' उन्होंने उचार तो दिया पर फौरन जोड़ा,''वैसे हम बहुत दूर से आ रहे हैं, दफ्तर से सीधे।''

''ठीक। मैं तीन प्याले चाय बनाकर लाती हूँ।''

वे दोनों कमरे में चले गए, जहाँ से उनकी हड़बड़ाहट-भरी कानाफूसी सुनाई

देती रही।

जब तक मैं चाय लेकर उनके पास पहुँची, मेरे बेटे आ चुके थे।

''कौन हैं ये लोग?'' सोलह वर्षीय बेटे ने पूछा।

''पुलिस!''

''यहाँ क्यों?''

'' मुझे गिरफ्तार करने आए हैं।''

''आपने किसी की हत्या कर दी?'' चौदह वर्षीय बेटे ने बड़ी आस के साथ पूछा।

''नहीं, एक किताब लिखी है।''

''एक नहीं, आपने दर्जन-भर किताबें लिखी हैं। उनके लिए आपको गिरफ्तार नहीं किया जा सकता। हमारे लोकतंत्र में अभिव्यक्ति की स्वतंत्रता है। है कि नहीं?'' वह पुलिसवाले से मुखातिब हुआ।

करें तो क्या करें, हमारे स्कूल बच्चों को यही सिखलाते जा रहे हैं।

''लगता है, कर सकते हैं। उन्हें वह अश्लील लगी है।''

''कौन-सी?''

''चित्तकोबरा।''

सुनते ही दोनों उछलकर खड़े हो गए। बोले,''उनका खाली दिमाग खराब भी है क्या?''

नौजवान लड़के खासे खतरनाक नजर आए होंगे क्योंकि कानून के संरक्षक डर कर पीछे हट गए। फिर एक सुर में उचारा,''ठंड रखिए, ठंड! और प्लीज, एक गवाह बुला लीजिए।''

''ये रहे,'' मैंने बेटों की तरफ इशारा किया, ''हमारे गवाह।''

''नहीं, ये बालिग नहीं हैं।''

''तो वे किस हिसाब से बालिग हैं, जो साहित्य में अश्लीलता देखते हैं।'' बेटों ने कहा।

''प्लीज!'' उन्होंने अनुनय की, ''हमें एक बालिग गवाह चाहिए।''

''ठीक है,'' मैंने कहा, ''मैं अपनी बहन को बुला लेती हूँ।''

''नहीं!'' उन्होंने लगभग चीखते हुए कहा, ''एक और औरत नहीं, किसी पुरुष को बुलाइए।''

''क्यों?''

''प्लीज! ज्यादा सुरक्षित रहेगा।''

''आपको डर किस बात का है?''

''प्रताड़ना और नागवार हरकत का, यानी आपका उनकी शिकायत करने का। न्यायाधीश औरतों की बातें तुरन्त मान जाते हैं। कृपया हमारी स्थिति समझने की कोशिश

कीजिए। हम आपको गिरफ्तार नहीं करना चाहते। असल में हमारे एक वरिष्ठ अधिकारी, साल-भर से हमारे पीछे पड़े थे कि उन्हें इस किताब की प्रति लाकर दें। हम उन्हें बहकाते रहे कि प्रति नहीं मिल रही। वैसे जब तब कोशिश की तो मिली भी नहीं। हमें पता है, इसका तीसरा संस्करण हो चुका है, पर जब भी खरीदने जाते, पता चलता कि संस्करण बिक चुका है। आखिर यह प्रति वे संसद के पुस्तकालय से ले आए और हमें आपके पास भेज दिया।'' पहले पुलिसकर्मी ने लम्बा बयान दिया।

'चित्तकोबरा' का पहला संस्करण 1979 में हुआ था। करीब एक साल बाद यह कानूनी कार्रवाई हो रही थी।

''यह सब हमारी इच्छा से नहीं हो रहा।'' दूसरे पुलिसकर्मी ने बात आगे बढ़ाई, ''किताब न पढ़ने की आपकी बात सही नहीं है। मैंने आपकी कहानियाँ पढ़ी हैं। आपको गिरफ्तार करने का इरादा मुझे सख्त नापसंद है, पर मैं मजबूर हूँ। बस, अब एक गवाह बुला लें।''

''व्यक्तिगत तौर पर मुझे आपसे कोई शिकायत नहीं है,'' मैंने कहा, ''पर इतना जरूर जानना चाहती हूँ कि गिरफ्तारी आप करेंगे कैसे?''

''आपको हवालात ले जाएँगे।''

''और मैं न गई तो?''

दोनों ने एक दूसरे की तरफ देर तक देखा और मानीखेज खामोशी बनाए रहे। फिर एक ने गला साफ करते हुए कहा,''सच कहें तो...वास्तविकता यह है...हम चाहें तो आपको जमानत दे सकते हैं।''

''यहीं और अभी?''

''हाँ...हाँ, यहीं, अभी। कोई बालिग व्यक्ति जमानती हो जाए तो हम आपको जमानत दे देंगे। उसके बाद मुकदमा न्यायालय में जाएगा। फिर आप जानें और न्यायाधीश महोदय।''

''ठीक है, पर अभियोग लगाने वाले अधिकारी का नाम तो बतला दीजिए।'' मैंने कहा।

''दिल्ली प्रशासन।'' जवाब मिला।

वाह खूब! दिल्ली प्रशासन किताबें कब से पढ़ने लगा!

बालिग व्यक्ति बुला लिया गया। जमानती कागज पर दस्तखत होने के बाद तभी, मेरी जमानत हो गई। पूरी घटना एक हास्यास्पद प्रहसन की तरह घटी थी। इसलिए मैंने सोचा, शायद मामला न्यायालय में न जाए। लेकिन मैं गलत थी।

एक बार मुकदमे का सम्मन आ गया तो पूरे मामले को लेकर मुझे संजीदा होना पड़ा। यह जानने की उत्सुकता भी बढ़ गई कि वह सब हुआ क्यों था। सिर्फ अपने लिए नहीं, पूरे साहित्यिक समाज के लिए मुझे कुछ सवालों के जवाब तुरंत चाहिए थे।

1. अगर उन्हें किताब के कुछ पन्ने आपत्तिजनक और कानूनी कार्रवाई के लायक लगे तो पुस्तक पर पाबंदी लगाने के बजाय, लेखक को गिरफ्तार क्यों किया गया?

2. केवल एक किताब पर कार्रवाई क्यों की गई जबकि सैकड़ों किताबें उस तरह की कानूनी कार्रवाई के अन्तर्गत आ सकती थीं?

अधिवक्ता एल.एम. सिंघवी से दोनों सवालों के जवाब मिल गए, जब अदालत से सम्मन मिलने के बाद, बतौर वकील, मैंने उनसे सम्पर्क किया। उन्होंने बतलाया, अगर किताब पर प्रतिबन्ध लगाया जाए तो लेखक न्यायालय में उसे रद्द करने की दरख्वास्त दे सकता है। प्राय: उसे रद्द कर भी दिया जाता है, विशेषकर जब प्रतिबन्ध किसी सम्मानित या विशिष्ट साहित्यिक कृति पर लगाया गया' हो। तब लेखक अपमानजनक प्रताड़ना से बच जाता है। अधिक अवमाननापूर्ण सन्ताप पहुँचाने का तरीका यह है कि उसे गिरफ्तार कर लिया जाए। यद्यपि कानूनी प्रक्रिया के अन्तर्गत, अभियुक्त को जमानत देने का अधिकार, गिरफ्तार करने वाले पुलिसकर्मी को होता है, पर उसकी जानकारी अभियुक्त को कम ही होती है।

दरअसल, किताबों और लेखकों को तंग करने के पीछे मंतव्य यह नहीं होता कि पाठकों को कोई खास किताब पढ़ने से रोका जाए; बल्कि यह कि लेखकों को स्वतंत्रता के साथ लिखने से डराया जा सके। उस पूरी कवायद के दो मकसद थे। पहला, मेरी किताब की बढ़ती बिक्री को रोकना। उसके लिए पुलिस ने पुस्तक की बिक्री पर रोक लगाकर स्टॉक जब्त कर लिया। दूसरा, मुझे मानसिक सन्ताप पहुँचाकर मेरे रचनात्मक लेखन की राह में अवरोध उत्पन्न करना और मेरे साथ-साथ सभी अन्य लेखकों, खासकर स्त्री लेखकों को डराना।

मामला पूरे दो वर्ष तक खिंचा। उसकी प्रहसननुमा प्रकृति कायम रही। लगभग हर माह पुलिस मेरे दरवाजे पर खड़ी मिलती, जबकि दिल्ली प्रशासन के मुख्य सचिव, मुझे आश्वस्त करते रहते कि केस वापस लिया जा चुका है या लिया जा रहा है। मुकदमा धीमी गति से लापरवाही के साथ चल रहा था। और मुख्य सचिव थे कि बराबर कह रहे थे, वे उससे बेहद मनोव्यथित थे। वे समझ नहीं पा रहे थे कि उसे रद्द करने के उनके आदेश के बावजूद, वह चलता कैसे जा रहा था? लगता था—काफ्का ने कभी वह विद्रूपयुक्त किस्सा लिखा होगा। पता नहीं कैसे अनजाने में, उसका नाट्य-रूपान्तर दिल्ली प्रशासन के असाहित्यिक अधिकारियों ने कर डाला और अब वे उसका बारम्बार मंचन किए जा रहे थे!

दूसरे सवाल का जवाब यह था कि ऐसी कार्रवाई तभी की जा सकती थी, जब प्रशासन के पास कोई व्यक्ति शिकायत दर्ज करवाए। मैंने दिल्ली प्रशासन से स्पष्टीकरण माँगा तो भेद खुला कि एक लेखक और प्रकाशक ने, एक पुलिस अधिकारी के साथ मिलकर, यह कृत्य किया था। शुरू-शुरू में अधिवक्ता एल.एम.

सिंघवी ने मजाक में सलाह दी थी कि हम प्रशासन को दरख्वास्त दें कि वह गिरफ्तारी का आदेश वापस लेकर, पुस्तक पर प्रतिबन्ध लगा दे। तब हम उन पर मुकदमा दायर कर सकेंगे।

पर जल्द ही मामला अदालत में जा पहुँचा। मुझे सम्मन मिल गया। और बात मजाक से बहुत आगे जा पहुँची। अब सिंघवी जी का कहना था कि जब मुकदमा अदालत में जाएगा तो फैसला मेरे खिलाफ होगा। क्योंकि मैं एक औरत थी और औरतों को, जनसमुदाय की नैतिकता की रखवाली करने वाला माना जाता था। धीमी गति से चलने वाला यह प्रहसन दिसम्बर, 1982 में जाकर समाप्त हुआ।

जिस दिन मुकदमा अदालत में पेश होने वाला था, उससे पहली रात, अधिवक्ता एल.एम. सिंघवी ने दिल्ली के तत्कालीन लेफ्टीनेन्ट गवर्नर के पास दरख्वास्त भेजी। लेफ्टीनेन्ट गवर्नर जगमोहन की दाद देनी होगी कि उन्होंने देर रात, दरख्वास्त पर कार्रवाई की और अगली सुबह, कानूनी सचिव ने न्यायालय जाकर, केस वापस ले लिया। उस बिन्दु पर पहुँचने के बाद, केवल गवर्नर ही उसे रद्द कर सकते थे। एक बार फेल होने के बाद प्रशासन को दुबारा इम्तिहान में बैठने की इजाजत नहीं थी।

वृत्तांत समाप्त हो गया पर अपने पीछे गम्भीर सवाल छोड़ गया, जो आज 2013 में भी उतने ही प्रासंगिक हैं, जितने 1980 में थे। ये सवाल हैं :

1. क्या एक प्रजातंत्र को यह शोभा देता है कि वह ऐसी बेतुकी शिकायत पर कार्रवाई करे जो व्यावसायिक रंजिश की बिना पर दर्ज की गई हो?

2. किस प्रकार का कानून यह इजाजत देता है कि अशिक्षित जन, कानून के प्रहरी बन कर, साहित्यकार और साहित्यिक कृति का आकलन करें?

3. मुझे गिरफ्तार करने आए सब-इंस्पेक्टरों की भद्रता थी कि मेरे लिए गिरफ्तारी की प्रक्रिया और शर्मनाक नहीं बनी। पर सवाल अपनी जगह कायम रहा; एक महिला को गिरफ्तार करने के लिए दो मर्द पुलिस अधिकारी क्यों भेजे गए? उनके साथ, कम-से-कम, एक महिला अधिकारी क्यों नहीं आई?

4. लेखकों के बड़े समुदाय ने, इस दुखद आख्यान के मूक दर्शक बने रहने का चुनाव क्यों किया? क्या इसलिए क्योंकि प्रताड़ित होने वाली लेखिका, ऐसी जवान औरत थी, जिसने कभी पुरुषों से संरक्षण की माँग नहीं की थी?

यहाँ आकर, मैं अपने कर्तव्य में चूक जाऊँगी, अगर उन चंद लोगों का नाम न लूँ जिन्होंने, अभिव्यक्ति की स्वत्रंतता के खिलाफ चलाए गए उस मुकदमे का विरोध किया था। उनमें थे, दो पत्रकार, 'पेट्रियट संडे एडिशन' के सम्पादक के.बी. गोयल तथा इटारसी (म.प्र.) से निकलने वाली 'पुनश्च' पत्रिका के सम्पादक दिनेश द्विवेदी। और थे पाँच लेखक—योगेश गुप्त, वीरेन्द्र सक्सेना,

जैनेन्द्र जी, मंजुल भगत और मृणाल पांडे। बाकी सब चुप्पी साधे रहे थे। इस तरह कि जिनकी उस क्रूर वाकये में सीधी शिरकत नहीं थी, वे भी उसका आनन्द लेकर, उसमें भागीदार बन गए थे। इस वाकये को इस मजाकिया अन्दाज में, मैंने, पहले-पहल 1985 में, 'पेट्रियट संडे एडिशन' के सम्पादक के.बी. गोयल के इसरार पर, उनके अखबार में बयान किया था। तब तक पाँच साल गुजर चुके थे और कोशिश करके, मैं उस पर हँस सकती थी। फिर जब 2008 में रोहिन्तन मिस्त्री की किताब पर प्रतिबन्ध लगा तो 'द हिन्दू' अखबार ने मेरे लेख को दुबारा, अपने लिट्रेरी रिव्यू में छापा। इस बीच मुझे न्यूयॉर्क ह्यूमन राइट्स वॉच से 'हैलमन हैलमट ग्रान्ट' मिल चुकी थी।

पर जहाँ तक हिन्दी सहित्य समाज का सवाल है, उसने न मेरे अपमान और प्रताड़ना की कभी खोज-खबर ली, न अन्य भाषा-भाषियों की प्रतिक्रिया या संवेदना की। विदेशी शोधार्थी कई बार मुझसे सवाल कर चुके हैं; क्या उस घटना के प्रत्यक्ष या परोक्ष भागीदारों में से किसी ने, अपनी या औरों की भूमिका पर, खेद या प्रतिरोध प्रकट किया है? नहीं किया, इस शर्मनाक सच को कहते हुए मुझे हमेशा लगा कि उसमें, सिर्फ मेरा नहीं, पूरे हिन्दी साहित्यिक जगत का अपमान निहित है।

आप पूछ सकते हैं, इतने बरस बाद, उस विद्रूप को याद करने की क्या जरूरत है? जरूरत है; सख्त जरूरत है। वजह वही है कि, न केवल हिन्दी साहित्य जगत ने तब तमाम घटना से आँखें चुराईं, तब से लेकर अब तक कोई खेद प्रकट नहीं किया बल्कि ऐसे व्यवहार किया, मानो कोई घटना घटी ही न हो! गार्सिया गाब्रियल मार्केज के उपन्यास 'हंड्रेड इयर्स ऑफ सोलिट्यूड' का दृश्य याद आता है, जहाँ नरसंहार की अगली सुबह, सब ऐसे जतलाते हैं जैसे कुछ हुआ ही नहीं था। जरूरत इसलिए भी है, जिससे हम सब जान लें कि दूसरों का फायदा कर सकने वाले, साहित्य के समर्थ जनों द्वारा किए गए अनाचार-अत्याचार पर, हमारी पीढ़ी की वह चुप्पी, कितनी घातक थी। और अब भी है। वह आज के काले समय की पूर्व सूचना थी, जब किसी भी किताब, फिल्म या कार्टून पर, जो चाहे बवाल खड़ा कर सकता है, इस यकीन के साथ कि प्रशासन उसके सामने घुटने टेक देगा। आजकल बुद्धिजीवी, हिन्दी-भाषी बुद्धिजीवी भी, काफी हद तक प्रतिरोध दर्ज करते हैं। पर असर नगण्य रहता है। मुझे लगता है, कभी-कभी एक भूल का खामियाजा, तात्कालिक शिकार के साथ औरों को भी भुगतना पड़ता है। बहुत देर बाद भुगतें तो भुगतते भी देर तक हैं। उनमें खुद शिकारी भी शामिल रहते हैं।

इस सबक को सीखने के लिए ही उस घटना को, इतने बरस बाद ही सही, एक बार, हिन्दी भाषा में बयान करना जरूरी है।

—मृदुला गर्ग

परिशिष्ट–2

जो उचित लगा, भयमुक्त होकर लिखा

शोमा चौधरी से बातचीत

शोमा : हाल ही में अंग्रेजी अनुवाद में प्रकाशित आपके उपन्यास 'चित्तकोबरा' की इन दिनों बहुत चर्चा है। इसमें ऐसा क्या है जिसे लेकर साहित्यिक गलियारों में शोरगुल मचा था और अब भी मचा हुआ है?

मृदुला गर्ग : सर्वप्रथम 1979 में हिन्दी में छपा यह उपन्यास, एक भारतीय गृहिणी (स्त्री), जो जीवन के उत्तरार्ध में लिखना शुरू करती है और एक प्रोटेस्टेन्ट पादरी, जो वर्ष में एक बार भारत आता है, के बीच की प्रेमकथा है। पहले भी समाज की नजर में अवैध रिश्तों पर अनेक किताबें लिखी जा चुकी थीं पर इस उपन्यास पर शोरगुल मचने की दो प्रमुख वजह थीं :

पहली, दोनों पात्रों के मन में किसी तरह का अपराध–बोध नहीं है। शादीशुदा होने के बावजूद स्त्री के मन में भी पछतावा नहीं है।

दूसरी, उपन्यास बहुत ईमानदारी के साथ लिखा गया है। स्त्री पात्र, सम्भोग के दौरान अनुभव की गईं उन भावनाओं पर खुलकर बोलती या सोचती है, जिन्हें उसका शरीर और मन अलग–अलग धरातल पर महसूस करते हैं।

दरअसल, सम्भोग का दृश्य पति–पत्नी के बीच है, जिसके दौरान, स्त्री अपने प्रेमी या किसी अन्य पुरुष के बारे में नहीं सोचती, बल्कि शरीर और मन के विषय में दार्शनिक विचार करती है। सम्भोग के चरम सुख को शरीर कैसे महसूस करता है, उसके बारे में सोचती है यानी सम्भोग क्रिया में हिस्सा लेते–लेते उसे विश्लेषित भी करती चलती है। यह विचार पुरुष के अहं को स्वीकार्य नहीं था, कम–से–कम अधिकतर भारतीय पुरुषों को तो स्वीकार्य नहीं ही था। मुझे लगता है अगर मैं उसे पति से सम्भोग करते हुए प्रेमी के बारे में सोचते हुए दिखलाती तो वह केवल जिस्म

बनकर रह जाती, जो आलोचकों और रूढ़ स्त्री-पुरुषों को मान्य होता। पर मैंने उसे शरीर से ऊपर उठाकर मन और दिमाग से जोड़ दिया। यहीं समस्या पैदा हो गई (हँसती हैं)।

उन्होंने सम्भोग के कलात्मक वर्णन पर प्रतिबन्ध इसलिए लगाया क्योंकि उसका सोचना उन्हें अमान्य था। वह पुरुष को देह में तब्दील कर रहा था। माना यह जाता है कि पुरुष बगैर प्रेम के, सेक्स में शामिल ही नहीं हो सकता, चरम सुख भी प्राप्त कर सकता है पर स्त्री चरम सुख तभी प्राप्त कर सकती है, जब भावात्मक रूप से पुरुष से जुड़ाव महसूस करे। यह धारणा बिलकुल गलत है। स्त्रीवादी विचारक पहले भी कह चुकी हैं कि यौनिक इच्छा और यौनिकता में बहुत अन्तर है पर पूर्वग्रह कायम है। मैंने यही दिखलाने का प्रयास किया है कि स्त्री के मन और शरीर में गहरा अन्तर होता है, जिससे वह एक समय में दोनों को अलग-अलग महसूस कर सकती है। एक स्त्री के लिए, स्वयं को विखंडित किए बिना, एक से अधिक रिश्ता निभाना आसान है। यह विचार भारतीय समाज की पारंपरिक सोच से अलग था, इसीलिए इतना शोरगुल मचा। हालाँकि आप देख सकते हैं कि मैंने यह भी दिखलाया है कि वह स्त्री, सम्भोग को देह और मन के पूरे अस्तित्व के साथ महसूस करना चाहती है।

शोमा : आपको गिरफ्तार भी किया गया...

मृदुला गर्ग : (रोकते हुए) एक बात और। मैंने यह भी महसूस किया कि विरोध मेरे वैचारिक व्यक्तित्व से था। मैंने 1970 में 32 की उम्र में लिखना शुरू किया था, जिसे लेखन के लिहाज से बहुत विलम्बित माना जा सकता है। 1975 में मेरा पहला उपन्यास और कहानी संग्रह छपा और उसके बाद, हर वर्ष मेरा एक उपन्यास और कहानी संग्रह या नाटक छपता रहा। 'चित्तकोबरा' मेरी सातवीं पुस्तक थी। लोगों को लगा, छोटे बच्चों की माँ, एक युवा स्त्री अचानक सामने आ रही है जो कोई संरक्षक नहीं चाहती।

एक बात आपको बतलाऊँ, हिन्दी की शिक्षा-दीक्षा से मेरा नाता नहीं रहा था, मैंने दिल्ली स्कूल ऑफ इकोनॉमिक्स से एम.ए किया था। वहाँ हमें किसी से कोई भी प्रश्न पूछने की स्वतंत्रता थी। मैं इस मामले में खासी आगे रहती थी। हिन्दी में लिखना शुरू किया तो हिन्दी साहित्य जगत् के वरिष्ठता और कनिष्ठता के मानकों को नहीं माना। यहाँ लेखक, आपस में भाई, भाभी, दीदी, जेठ वगैरह होते हैं। मैं लेखकों के बीच इन रिश्तों को मान्यता नहीं दे पाई। मैं सोचती थी, असल रिश्ता केवल दोस्ती का होना चाहिए। मेरी समझ में यह भी नहीं आया कि युवा लेखक के अपने विचारों को खुलकर व्यक्त करने में ग़लत क्या है? कि उम्रदराज लेखक, मठाधीश या गुरु की तरह क्यों होते हैं? शायद इसीलिए, मुझे पाठ पढ़ाने के विचार से तमाम

हंगामा हुआ।

शोमा : लेकिन आपको गिरफ्तार क्यों किया गया? आपके खिलाफ एफ.आई.आर किसने दर्ज करवाई?

मृदुला गर्ग : दरअसल, इस गिरफ्तारी के पीछे की कहानी यह है कि टाइम्स ऑफ इंडिया समूह से मासिक कथा पत्रिका 'सारिका' निकलती थी, साहित्यिक लेकिन बेहद लोकप्रिय। सम्भवत: 'धर्मयुग' के बाद सबसे ज्यादा पढ़ी जाने वाली। उन्होंने किया यह कि एक अंक में इस उपन्यास के दो पन्नों को अलग करके छापा। उसके साथ एक पत्र भी, जिसमें कहा गया था कि यह पुस्तक अश्लील है। मजे की बात यह है कि पत्र लिखने वाली हिन्दी लेखिका थीं, जिन्होंने यह भी लिखा था कि उन्होंने पुस्तक पढ़ी नहीं थी पर जो उद्धरण दिया गया था, उसकी बिना पर उपन्यास को अश्लील मानती थीं। सच्चाई यह थी कि वह अंश पुस्तक के सन्दर्भ से काटकर छापा गया था। और मजेदार बात यह कि उस पत्र के साथ सम्पादक का वक्तव्य भी छपा कि वे 'उसी तरह के और पत्र' चाहते हैं।

उसके बाद एक वर्ष तक 'उसी तरह के और पत्र' लगातार आए और छपे, एक मुहिम की तरह। पर मेरा पत्र तथा पुस्तक के साहित्यिक महत्त्व को रेखांकित करने वाले जो पत्र आए, उन्हें प्रकाशित नहीं किया गया। जैनेन्द्र कुमार से एक साक्षात्कार लिया गया, कदाचित् यह सोचकर कि वे पुस्तक की निन्दा करेंगे पर जब उन्होंने उसकी प्रशंसा की और गलत ढंग से उस पर हुई गोष्ठी के प्रसंगों को व्याख्यायित करने के लिए, जमकर सम्पादक की आलोचना की तो उसे दबा दिया, छापा नहीं। लगभग एक वर्ष बाद, जैनेन्द्र जी के बहुत हल्ला मचाने पर उनका साक्षात्कार छपा। उसके साथ बस एक-दो सकारात्मक पत्र छपे पर मेरा पत्र तब भी नहीं छपा।

उपन्यास 1979 में प्रकाशित हुआ था। विरोधी मुहिम 1980 के आरम्भिक महीनों में शुरू हुई। लेकिन जब उसी वर्ष, 1980 में, 'चित्तकोबरा' से बिलकुल भिन्न, राजनीतिक पृष्ठभूमि पर मेरा एक और उपन्यास, 'अनित्य' छपा, जो उनके विचार में पुरुषवादी क्षेत्र में हस्तक्षेप था तो वे और परेशान हो उठे। महिलाएँ उस समय तक इतिहास और स्वाधीनता आन्दोलन के विषयों पर ज्यादा नहीं लिख रही थीं, गांधी जी की आलोचना नहीं हो रही थी। लेखक दूसरे विश्वयुद्ध के बारे में लिखते तो सोवियत यूनियन और जर्मनी के बीच हुए समझौते को अनदेखा कर देते। कुछ ऐसे ऐतिहासिक तथ्य थे, जिन्हें 'भारतीय मार्किसस्म' के आतंक के कारण, हिन्दी साहित्यिक जगत मानने से इनकार कर रहा था। वे सिर्फ उन तथ्यों पर भरोसा करते, जिन्हें सोवियत संघ प्रतिपादित करता। इतिहास के साथ इस छल को मैंने मानने से इनकार किया। बाद में 1991 में सोवियत संघ के विखंडन के समय, रूस ने स्वयं उन तथ्यों को स्वीकार कर लिया पर वह बाद की बात है।

इतिहास से छल उन्होंने किया, तोहमत मेरे सिर आई। एक आलोचक ने 'अनित्य' के बारे में कहा, "यह इतिहास की सेकेंड हैंड जानकारी से लिखा उपन्यास है।" जिस पर मैंने कहा, "अश्वत्थामा के अलावा सभी को इतिहास की सेकेंड हैंड जानकारी होती है, इसीलिए उसे इतिहास कहते हैं।" आप समझ सकती हैं कि शुरुआती दौर में मेरी दो बातें रूढ़िवादियों को किस कदर नागवार गुजरी होंगी। एक, स्वतंत्र औरत होना और संरक्षक की चाह न करना, दूसरी, तेज गति से लेखन करना और प्रकाशित होना।

शोमा : क्या आपको गिरफ्तार भी किया गया था?

मृदुला गर्ग : जी हाँ, एक वर्ष तक विरोध अभियान चला फिर मुझे गिरफ्तार किया गया।

शोमा : किसने गिरफ्तार किया?

मृदुला गर्ग : दिल्ली प्रशासन ने। दंड संहिता की अश्लीलता अधिनियम यू/एस 292 आई.पी.सी के तहत पहली बार साहित्यिक कृति के लिए किसी को गिरफ्तार किया गया था। सामान्यत: वह धारा कैबरे डांस या किसी अन्य अश्लील माने जाने वाले प्रदर्शन पर लगाई जाती है (मुस्कराती हैं)।

एक शुक्रवार की रात दो पुलिस वाले आए। उस समय मैं घर पर अकेली थी। मैंने उनसे कहा, मैं उनके साथ नहीं जाऊँगी, उन्हें मुझे जमानत देनी होगी। दरअसल, उससे कुछ महीने पहले भी वे लोग मेरे घर आए थे पर तब मैं दिल्ली से बाहर थी तो पड़ोसियों से कहकर चले गए थे। मुझे पता चला तो मैंने श्रीकांत वर्मा को सबकुछ बतलाया; वे तब कांग्रेस के प्रवक्ता हुआ करते थे। वे चौंके, कहा भी कि यह तो बहुत अचरज की बात है। उन्होंने दिल्ली के मुख्य सचिव से बात की। मुख्य सचिव का मेरे पास फोन आया कि भूलवश ऐसा हो गया, मैं परेशान न होऊँ, मामला खत्म मानूँ। पर 2 महीने बाद पुलिस वाले फिर मेरे दरवाजे पर थे। इस पर मुख्य सचिव ने कहा, दरअसल उससे सम्बन्धित फाइल गुम हो जाने से ऐसा हुआ। सबकुछ काफ्का की कहानी या खेल की तरह घट रहा था। अब किसी ने तो शिकायत दर्ज करवाई ही होगी, आखिर दिल्ली प्रशासन तो किताबें पढ़ता नहीं! लेकिन इसके पीछे कौन था, मैं नहीं जान पाई।

शोमा : फिर सब शांत कैसे हुआ?

मृदुला गर्ग : डॉ. लक्ष्मीमल सिंघवी ने राज्यपाल को अर्जी भेजी (जगमोहन राज्यपाल थे तब) कि इस केस को रद्द किया जाए। लिखा, यह राज्यपाल की छवि खराब करेगा कि उनके शासन काल में एक लेखक पर आपराधिक मामला दर्ज किया गया। केस तो खारिज हो गया पर डराना-धमकाना जारी रहा। इस बीच उस किताब के कई संस्करण हुए और वह अब तक लगातार बिक रही है। 20 वर्ष से

ऊपर हो गए, लोग अब भी उसे पढ़ रहे हैं। अभी पिछले सप्ताह उन सज्जन ने, जो तब सारिका के सम्पादक थे (कन्हैयालाल नन्दन), एक सभा में कहा कि मुझे उनका शुक्रगुजार होना चाहिए कि उनकी वजह से पुस्तक की बिक्री बढ़ गई! कुख्याति का तमगा मुझ पर लगा, उन पर नहीं, जिन्होंने अनैतिक पीली पत्रकारिता की। ठीक उसी तरह जैसे बलात्कार के बाद उसकी शिकार महिला को बदनामी झेलनी पड़ती है, बलात्कारी को नहीं। जब कभी मेरी कोई भी पुस्तक अवार्ड के लिए प्रस्तावित होती, मेरा नाम विदेश यात्रा के लिए सुझाया जाता तो यही कहा जाता कि उनके साथ कुख्याति लगी हुई है, इसलिए उन्हें चुना नहीं जा सकता। जब गिरफ्तारी करवाई गई तो मैं केवल 42 वर्ष की थी, मेरे छोटे-छोटे बच्चे थे और मेरे श्वसुर गम्भीर स्थिति में, अस्पताल के इंटैन्सिव केयर में दाखिल थे। चार दिन बाद उनकी मृत्यु हो गई।

इन सबसे ज्यादा मुझे जिस बात का दुख है, वह है मेरी साहित्यिक कृतियों का सही मूल्यांकन न होने देना। मैं अपने को गम्भीर और प्रतिबद्ध रचनाकार मानती हूँ। इस तरह की घटना से मैं बुरी तरह आहत हुई। मैं जानती थी, मैंने एक ईमानदार कृति लिखी है पर उन्होंने उसे अश्लील करार कर दिया। यही नहीं, अपना ओछापन दिखलाते हुए यह भी कहा कि मैंने जानबूझकर उसे अश्लील बनाया है। पुरुषों ने ही नहीं, स्त्रियों ने भी।

शोमा : हाल में ही आपको 'विरोध के बावजूद लेखन' करते रहने के लिए, 'लिलियन हेलमैन अवार्ड' दिया गया है। बतलाइए, उस 'विच हंट' से आप चार्ज-अप हुईं या आपका लेखन बाधित हुआ?

मृदुला गर्ग : शुरू में वह अनुभव बेहद कष्टदायक था। लेकिन बाद में चुनौती बन गया और मैं लिखने को लेकर और निडर हो गई। मैंने निश्चय किया कि 'चित्तकोबरा' में एक भी शब्द नहीं बदलूँगी। लोगों ने मुझसे कहा, क्या बेवकूफी है, एक-दो पंक्तियों का तो झगड़ा है, उन्हें हटा दो पर मैंने अस्वीकार कर दिया। इससे मुझे पीड़ा देकर प्रसन्न होने वालों के मन में मेरे लिए दुर्भावना बढ़ी। अन्य लेखिकाएँ मेरे अनुभव से भयभीत थीं। मैंने उन्हें नजरअंदाज करने का निश्चय किया। लेकिन अब, जब तटस्थ भाव से पीछे मुड़कर देखती हूँ तो महसूस होता है,उन बातों का कुछ-न-कुछ असर मेरे लेखन पर जरूर पड़ा। मेरी लेखन शैली और निडर व उग्र हो गई। कुछ हद तक आशा का स्वर कम हो गया। मेरी शैली पहले से अधिक व्यंग्यपूर्ण या कटाक्षपूर्ण हो गई। स्त्री के शरीर और मन के द्वैत के दूरगामी प्रभाव पर, मैं एक और उपन्यास लिखना चाहती थी, लेकिन लगा हमारा समाज उसके लिए तैयार नहीं है, इसलिए नहीं लिखा। मेरा नवीनतम उपन्यास 'कठगुलाब' 1996 में प्रकाशित हुआ, लेकिन मुझे लगता है, वह भी समय

से कुछ पहले आ गया है।

शोमा : क्या आप मानती हैं कि आपकी संवेदनशीलता को उभारने और विकसित करने में कृष्णा सोबती और इस्मत चुगताई जैसी लेखिकाओं की भूमिका रही ?

मृदुला गर्ग : दोनों साहसी लेखिकाएँ हैं। इस्मत चुगताई को स्त्री समलैंगिक सम्बन्ध पर लिखी 'लिहाफ' कहानी के लिए अदालत में पेश किया गया था। पर उसमें समलैंगिकता के लिए व्यंग्य का भाव था। कृष्णा सोबती की कई स्त्री विषयक रचनाओं में (सब में नहीं) बेबाकी के साथ-साथ अपराधबोध की महत्त्वपूर्ण भूमिका है। मेरी रचनाओं में झिझक या पश्चात्ताप का भाव नहीं है। मुझे नहीं लगता 'चित्तकोबरा' के लिए उनकी या किसी और की रचनाओं ने मुझे स्पेस दिया। पर सामूहिक प्रभाव अपनी पहली पीढ़ी का रहता ही है। मेरा उपन्यास बहुत स्वत:स्फूर्त ढंग से लिखा गया था। वह 26 भागों यानी अध्यायों में संगीत जैसे क्रम में है। रोज, सुबह-सबेरे, एक अंश लिखकर मैंने उसे 26 दिनों में पूरा किया था और बाद में एक शब्द भी नहीं बदला। अगर इन अंशों का क्रम बदल दिया जाए तब भी कथानक वही रहेगा। दरअसल मैं उसके माध्यम से दिखलाना चाहती थी कि विभिन्न व्यक्ति, समय को कैसे देखते हैं। उसका नायक प्रोटेस्टेन्ट चर्च का पादरी है, बेहद संवेदनशील, आकर्षक और कामुक भी। वह निरन्तर दुनिया भर में भ्रमण करता है और भारत केवल दो या तीन दिन के लिए आता है, जबकि नायिका एक ही स्थान पर बँधकर रहती है यानी समय व स्पेस को वे दोनों अलग भावबोध या कालदृष्टि से देखते-परखते हैं। दूसरी बात, दोनों अपने प्रेम व प्रणय के माध्यम से स्वयं को गहराई से जानने में सफल होते हैं। उसके बाद ही नायिका लिखना शुरू करती है।

आप जानती ही हैं, हमारी संस्कृति में 'फॉलन वुमन सिंड्रोम' या 'पतिता' की अवधारणा कितनी गहरे धँसी हुई है। उसका एक रोचक कोण यह है कि साहित्यिक कृति या फिल्म में स्त्री पति को तभी छोड़ सकती है, जब वह खलनायक यानी घिनौना, हिंसक या शराबी आदि हो। यानी अलगाव का एक वाजिब आँसू भीगा ठोस कारण जरूरी है। मगर 'चित्तकोबरा' में पति में कोई बुराई नहीं थी, बल्कि उसमें कुछ गुण ऐसे थे, जो प्रेमी में नहीं थे। प्रेमी भी यह मानता था। सवाल गुण-दोष का नहीं, मन-मस्तिष्क-देह की माँग और समरसता का था। फिर उसके प्रेमी अपने प्यार को उन्मुक्त भाव से व्यक्त करते हैं। जैसे भीड़-भाड़ वाली सड़क पर चुंबन ले लेते हैं। जब आप प्यार में होते हैं तो 'अन्य' नजर नहीं आता लेकिन जैसे ही प्यार से अलग होते हैं, 'अन्य' जरूरी हो जाता है। आपको दुनिया के साथ जीना पड़ता है। यही इस किताब का सार है।

शोमा : क्या आपका पूरा लेखन इन्हीं बातों पर केन्द्रित रहा है ?

मृदुला गर्ग : देखा जाए तो मेरा पहला उपन्यास ज्यादा उन्मुक्त था। उसकी प्रमुख स्त्री पात्र, मनीषा, एक आत्मकेन्द्रित स्त्री थी, जो पति से तलाक लेकर प्रेमी से शादी करती है। चार वर्ष बाद जब पुन: पूर्व पति से मिलती है तो अहसास होता है कि तलाक लेने के बाद, उसकी अपनी जिन्दगी में कोई सार्थक बदलाव नहीं आया। उसे लगा, पूर्व पति ने ही उसे जिन्दगी अपनी तरह जीने की प्रेरणा दी थी। वह उससे तीन दिन तक मिलती है, उसके साथ सुख महसूस करती है, स्वतंत्रता भी। पर उसके पास वापस नहीं जाती। वह निश्चय करती है कि एक पुरुष से दूसरे के पास भागते रहने में कोई सार्थकता नहीं है। सार्थकता अपने भीतर खोजनी होगी, पुरुष के माध्यम से उसे नहीं पाया जा सकता। ये बातें अधिक आपत्तिजनक होनी चाहिए थीं पर नहीं हुईं क्योंकि पुरुष पाठकों को लगा, वह ऐसी औरत की कहानी है, जो एक पुरुष को छोड़कर दूसरे के पास जाती है। उन्हें लगा, उस व्यापार में प्रमुख पुरुष है, स्त्री गौण; उस सोच की उन्हें आदत थी, इसलिए आपत्ति नहीं की। वास्तव में ऐसा था नहीं पर एक आत्मकेन्द्रित स्त्री के क्रमश: प्रज्ञावान् बनने की अन्तर्यात्रा में उनकी दिलचस्पी नहीं थी। 'चित्तकोबरा' में उन्हें ऐसी बौद्धिक स्त्री मिली जो सुरक्षा की तलाश नहीं कर रही थी। मैं समझती हूँ कि हमारे यहाँ ऐसी कोई परम्परा नहीं थी जो उस स्थिति में मेरी मदद करती।

शोमा : क्या आपको लगता है कि अगर आप अंग्रेजी में लिखतीं तो जो आप लिख रही थीं, उसके लिए सहिष्णु समाज मिल सकता था? अंग्रेजी में भी आप लिखती रही थीं, फिर किस वजह से हिन्दी में लिखना शुरू किया?

मृदुला गर्ग : मैं नहीं जानती शोमा! मैंने अपनी पहली कहानी अंग्रेजी में ही लिखी थी, अपनी जिन्दगी पर एक व्यंग्यात्मक कहानी। फिर कुछ कविताएँ भी लिखीं अंग्रेजी में; उसके बाद, जैसे हिन्दी में लेखन का सैलाब उमड़ पड़ा। बिलकुल उसी तरह जैसे बच्चे का स्वत: जन्म होता है। मैंने इस भाषा को पुन: चखा। महसूस किया कि वह मेरे अन्तस् में बुलबुलों की तरह उठती-फूटती रहती है। अंग्रेजी मेरे लिए एक उद्‌देश्यपरक भाषा रही थी। मैंने पाया, जरूरी नहीं था कि हिन्दी उद्‌देश्यपरक हो। मुझे लगा, इस भाषा के साथ मैं खुलकर खेल सकती हूँ, बिना झिझक, बिना दुविधा; उसमें बहुत कुछ अनकहा भी छोड़ सकती हूँ, इस विश्वास के साथ कि वह पाठक तक पहुँच जाएगा।

आज आप अंग्रेजी में हर तरह का भाषायी प्रयोग करने के लिए स्वतंत्र हैं। भाषा को तोड़-मरोड़ सकते हैं। जब 70 के दशक में मैंने लिखना शुरू किया था तो इस तरह की भाषा लिखने पर लोग कहते थे, यह गलत है, 'इंडियन' अंग्रेजी है। वैसे हिन्दी में भी अलग ढंग से लिखो तो कहा जाता था, वह गलत है। पर क्योंकि हिन्दी मेरी अपनी, आन्तरिक अनुभव से जन्मी भाषा थी, इसलिए अन्य विद्वान क्या कहते

थे, उसकी उतनी परवाह नहीं थी। मैंने मुक्त होकर अपनी भाषा स्वयं रची। लेकिन वह चयन सचेत नहीं था। अब कभी-कभी जब लगता है, अंग्रेजी का चयन करना चाहिए था तो मैं यह भी जाने रहती हूँ कि करती तो वह सप्रयास चयन होता और रचनात्मकता के लिए सप्रयास कुछ करना बहुत घातक होता है।

शोमा : वे कौन-सी स्थितियाँ थीं, जिनमें आपने लिखना शुरू किया? आपने बतलाया कि आपका लेखन देर से शुरू हुआ?

मृदुला गर्ग : बाहरी स्थितियों की बात करूँ तो जब मैं दिल्ली में इकोनॉमिक्स पढ़ा रही थी, तभी मेरी शादी हो गई और मैं बिहार के छोटे-से कस्बे, डालमियानगर चली गई। वहाँ कोई कॉलेज ही नहीं था, जिसमें मैं पढ़ा सकती। ऐसा कोई साथी भी नहीं था, जिससे वैचारिक आदान-प्रदान हो पाता। मेरे पास संवाद, वाद-विवाद के जो साधन थे, सब छूट गए तो समझो, वह लिखने का एक कारण बना।

दूसरे कारण के लिए जरा पीछे जाना पड़ेगा। साहित्य पठन से मेरा लम्बा लगाव रहा था, बचपन से। मेरा स्वास्थ्य ठीक नहीं रहता था, अक्सर बिस्तर पर रहती थी। साहित्य ही मेरा एकमात्र आसरा था। वह मेरे खून में समा गया, मेरे दिलोदिमाग का हिस्सा बन गया। चूँकि उसने मेरे जीवन में बहुत जल्द प्रवेश कर लिया था, इसलिए बड़े नामों से मुझे डर नहीं लगता था। मेरे लिए दॉस्ताएवस्की भी लेखक थे, कामू भी, ऑस्कर वाइल्ड और जैनेन्द्र भी। कामू की 'अजनबी' मैंने, बिना यह जाने पढ़ी थी कि वह कामू ने लिखी थी, क्योंकि उसका कवर पन्ना फटा हुआ था। मैंने उसे अन्य किसी किताब की तरह पढ़ डाला था। वैसे भी मेरे परिवार में सभी अंग्रेजी, बांग्ला, उर्दू, रूसी साहित्य के अनुवाद खूब पढ़ा करते थे। जब मैं दिल्ली छोड़कर बिहार के छोटे कस्बे में रहने गई तो मुझे तब तक का पढ़ा-पढ़ाया अर्थशास्त्र बहुत 'फिक्शनल' लगा। उसका वहाँ कोई साक्ष्य नहीं था। तब मैंने सोचा, अगर फिक्शन में ही जीना है तो ईमानदार फिक्शन क्यों न लिखा जाए!

इसके अलावा एक व्यक्तिगत कारण भी था। मैं एक व्यक्ति के सम्पर्क में आई, जिसने मेरे मन के सभी अवरोधों को दूर कर दिया। बच्चों की पैदाइश ने भी अहम भूमिका निभाई। जब पहली बार माँ बनी तो जाना कि सुख और आह्लाद होता क्या है! ऐसा कुछ जिसमें जिस्म और दिलोदिमाग एक साथ हिस्सेदारी करें। वही रचना को जन्म देता है। फिर भी शिशु को रचने और उपन्यास को रचने में बहुत बड़ा अन्तर है। एक में शरीर की भागीदारी ज्यादा होती है, दूसरे में दिलोदिमाग और स्मृति की भागीदारी ज्यादा होती है। विभिन्न लोगों के अनुभव अलग हो सकते हैं। जहाँ तक मेरा सवाल है, कह सकती हूँ, मैंने जो रचा, अपने गर्भ की गहराई से रचा।

शोमा : आप कहती हैं, आप नारीवादी नहीं हैं। लेखक होने के नाते आप जो भी अनुभव करती हैं, लिखती हैं। क्या कहना चाहेंगी इस पर?

मृदुला गर्ग : शुरू में मैं बहुत कम बोलती थी। बौद्धिकता, वैचारिकता को ज्यादा महत्त्व देती थी। मेरी भावनाएँ सख्त नियंत्रण में रहती थीं। मेरे बहुत कम मित्र थे। मैं एकांतप्रिय थी। जब मेरा पहला बच्चा पैदा हुआ तो मेरे भीतर जड़ भावात्मक लावा बाहर आ गया। मैंने अपनी भावनाओं पर शर्मिन्दा होना छोड़ दिया और यह रचनात्मकता के लिए जरूरी है। जब लोग मुझसे पूछते हैं कि औरत होने का मेरे लिए क्या अर्थ है तो मैं कहती हूँ, उसका अर्थ है, लेखक होना। पहली बार मुझे अपने औरत होने का अहसास तब हुआ, जब मैं माँ बनी, या कहें जब मैं गर्भवती हुई। मेरे परिवार में हम पाँच बहनें और एक भाई था। मैं नहीं जानती थी कि स्त्री से अलग तरह का व्यवहार किया जाता है या उसे दबाकर रखा जाता है। हम सभी को उच्च शिक्षा दी गई और किसी ने भी हमारी शादी की बात तब तक नहीं की, जब तक हमने स्वयं उस मुद्दे को नहीं उठाया। जब मेरी माँ गर्भवती हुई थीं, तभी मेरी परदादी ने उनके यहाँ पुत्री होने की कामना की थी और हुआ यह कि एक के बाद एक, मेरी माँ ने 5 बेटियों को जन्म दिया (हँसती हैं)। तो मैंने कभी अपने को मात्र स्त्री की तरह नहीं देखा। मैं अर्थशास्त्र पढ़ा रही थी, लेक्चरर थी, उसके बाद जो चाहती, कर सकती थी। पी-एच.डी., आई.ए.एस. की परीक्षा, राजनीति...पर जो करती, एक व्यक्ति की तरह, स्त्री के नहीं। क्योंकि मैं औरत हूँ, इसलिए अलग हूँ, यह अहसास मुझे कभी नहीं हुआ था। शादी होने और माँ बनने के बाद ही औरत होने का अहसास हुआ। मेरे पति दिल्ली छोड़कर छोटे-से कस्बे में मुझे ले पहुँच गए तब भी मैंने अपने को पुरुष से कमतर या परतंत्र नहीं माना। शादी का अर्थ हम दोनों के लिए एक था, सेक्स को भी हमने समान रूप से भोगा। लेकिन बच्चे के जन्म को केवल मैंने भोगा। मैंने अनुभव किया, मैं कुछ रच रही हूँ लेकिन वह मेरे हाथ में नहीं है, उसे मेरा शरीर चला रहा है, दिमाग नहीं। तब मैं अपने शरीर के प्रति अचानक सजग हो गई। भावनाओं, प्यार और यौनेच्छा के प्रति भी अधिक जागरूक हो गई। यह भी जाना कि शरीर और मन के बीच बहुत अन्तर होता है। यह अनुभव मेरे लेखन के लिए बहुत आवश्यक था।

वास्तव में मेरे लेखन में दो अनुभूतियाँ प्रमुख हैं। पहली, मन और शरीर के बीच का अन्तर और दूसरी, देश की स्वतंत्रता, जो हमें एक विद्रूप की तरह मिली थी। स्वतंत्रता का आभास दिलाने वाली धोखेबाजी थी वह, वास्तव में स्वतंत्रता नहीं थी, सत्ता-हस्तांतरण भर था। वह क्यों हुआ, कैसे हुआ और उसने हम सबको कैसे प्रभावित किया, ये प्रश्न मेरे लेखन में उभरकर आए। दो धाराएँ थीं, जिन्होंने मेरे लेखन को छुआ और लोगों को नाराज किया। आप सही कह रही हैं कि हिन्दी में लोग चाहते हैं, लेखक उन्हीं लेखकीय परम्पराओं का पालन करें, जो पहले से मौजूद हों।

संस्कृत लेखन के काल में हर नाटक में एक विदूषक रहता था; वह जो चाहता, कह सकता था। राजा के प्रति भी बेबाक हो सकता था। कई बार राजा गुस्से में आकर उसे दंड भी देता था। फिर भी वह सच और न्यायोचित कहने से नहीं चूकता था। साहसिक व्यंग्य द्वारा जीवन-दर्शन को जतलाने की अद्‌भुत अवधारणा अब लगभग समाप्त हो रही है। क्या विडम्बना है कि आज लोग विकलांगता पर, गलत उच्चारण पर या नौकरों की हरकतों पर हँसते हैं। यह सौन्दर्यबोध का पतन नहीं तो क्या है? हम एक कूपमंडूक रूढ़िवादी समाज के हिस्से बन गए हैं, जहाँ प्रश्न पूछने को गलत माना जाता है। जबकि हमारे यहाँ तो धर्मग्रन्थ का दर्जा पाई गीता में भी प्रश्न हैं। मैं अपने अनुभव से जानती हूँ कि इकोनॉमिक्स में हमें प्रोफेसर से प्रश्न पूछने की पूरी छूट थी बल्कि उसका स्वागत होता था। पर हिन्दी में गुरु से प्रश्न नहीं पूछे जाते। मतभेद प्रकट नहीं किया जाता। डरते-डरते संकोच के साथ कभी अपना मत जाहिर कर दिया तो बहुत समझो। शायद मेरी चेतना मलयालम या कन्नड़ साहित्य के अधिक नजदीक है जबकि लिख मैं हिन्दी में रही हूँ।

दरअसल हम दो स्तरों पर जीते हैं। हमारे पात्र भी। बौद्धिक बातचीत में हम एक परिष्कृत भाषा प्रयुक्त करते हैं लेकिन घर पर, आपस में, खरीद-फरोक्त करते हुए बिलकुल अलग तरह की भाषा बोलते हैं। कृति में ऐसी बहुआयामी भाषा का प्रयोग शायद मैं अंग्रेजी में नहीं कर पाती।

शोमा : क्या आपके परिवार में कोई ऐसा व्यक्ति था, जिसने आपकी मानसिकता को निर्मित किया?

मृदुला गर्ग : हाँ,मेरी माँ एक असाधारण स्त्री थीं। वे अधिकांश समय का उपयोग पढ़ने में करती थीं। केवल 15 वर्ष की उम्र में उनकी शादी हो गई थी और 16 वर्ष की उम्र में वे माँ बन गई थीं। पर हमारी तमाम परवरिश हमारे पिता ने की। एक आया भी थी। हम बीमार होते तो पिताजी ही हमें देखते। वे बहुत व्यस्त और प्रबुद्ध व्यक्ति थे। पर उन्हें बच्चों से बहुत प्यार था। मेरी माँ भी एक बच्चे की तरह ही थीं। उन्होंने रसोई में जाकर कभी कोई काम नहीं किया, खाना नहीं बनाया, फिर भी पारम्परिक किस्म की ससुराल में उनका बहुत सम्मान था। इसलिए कि वे एक नितान्त ईमानदार महिला थीं। उन्होंने जीवन में कभी झूठ नहीं बोला, और वे दूसरों के रहस्य गुप्त रखने में भी माहिर थीं, एक गुफा की तरह। बहुत से संगीतकार, कलाकार, साहित्यकार हमारे घर आया करते थे। अकसर बीमार रहने के कारण वे बिस्तर पर रहती थीं। वे आते और माँ से खूब बातें करते, अपने प्रेम सम्बन्धों के बारे में भी। हमने कभी नहीं सोचा कि उन्हें दूसरी माँओं की तरह होना चाहिए। उन्हें पढ़ने का जुनून था। कोई किताब ज्यादा पसन्द आ जाती तो उस दिन आधा-पौना खाना ही बन पाता; रसोईए को क्या पकाए, बतलाने की भी याद न रहती। जब-

जब खराब खाना बनता, हम समझ जाते, माँ कोई उम्दा उपन्यास पढ़ रही हैं (हँसती हैं) और हम बहिनें उनसे जिद करतीं कि पढ़ने के बाद हमें देना, हमें देना (दोनों हँसते हैं)।

याद करूँ तो मैंने एक-दो बार माँ के हाथों की बनाई आटे की मठरी जरूर खाई थी (मैदे की नहीं)। लो, अचानक वह तस्वीर मेरे सामने आ गई। मैं पाँच-छह वर्ष की हूँगी। माँ नौकरों से घिरी बैठी हैं, कोई आटा सान रहा है, कोई मठरी बेल रहा है; माँ के हाथ में कुछ है, जिससे वे मठरी में छोटे-छोटे सूराख कर रही हैं। उन मठरियों का स्वाद लाजवाब था, उनके अलावा उन्होंने कभी कुछ नहीं बनाया। इसका भी किसी ने बुरा नहीं माना। शादी के बाद जब मैं पहली बार मायके लौटी तो पिताजी स्टेशन लेने आए; मुझे बाँहों में भरकर चूमा। घर पहुँची तो माँ ने सिर्फ इतना कहा, 'आ गई?'। ऐसी थीं मेरी माँ।

शोमा : माँ की इस छवि को देखने के बाद, आपको अपने वैवाहिक जीवन को सन्तुलित करने में कठिनाई महसूस हुई होगी?

मृदुला गर्ग : मुझे लगता है, मेरे साथ शादी करके मेरे पति को काफी मुश्किल वक्त गुजारना पड़ा। मैंने लेखन देर से शुरू किया, शादी के बाद। अगर पहले कर देती तो शायद यह शादी न होती। चूँकि शादी हो गई, बच्चे भी, तो हमने किसी तरह चीजों को सँभाला। मेरे पति बहुत 'पोजेसिव' नहीं हैं, इसलिए मुझे स्पेस मिल पाई। वह भी व्यस्त, मैं भी व्यस्त। बाकी ठीक-ठाक। मुझे लगता है, लेखक के लिए सबसे उत्तम स्थिति एकान्तवास की है। लेकिन जब तक आप भावात्मक रूप से किसी से गहराई से जुड़ेंगे नहीं तो लिखेंगे कैसे? दूसरे लोग मेरे लेखन करने से कुछ परेशान जरूर रहे पर मेरे बच्चे नहीं। मैंने कभी बच्चों की उपेक्षा नहीं की। मैंने उनके लिए लेखन को कुछ समय के लिए स्थगित कर दिया। लेकिन आप अपनी सभी जिम्मेदारियाँ निभाते चलें तब भी लोगों के लिए लेखन की मजबूरी को समझना मुश्किल है। साथ रहने वालों को उससे परेशानी होती ही है। दरअसल, वह आपके चारों ओर एक तरह का आभामंडल पैदा करता है, जिससे दूसरे लोग परेशान होते हैं। सभी एक आरामदेह, रोजनामचा चाहते हैं। लेकिन जब आप लेखन से जुड़ते हैं तो घर का शान्ति-सुकून कुछ हद तक कम जरूर होता है। मेरे बेटे ने,जो बंगलोर में रहता है, मेरा लिखा कुछ नहीं पढ़ा, जबकि उसकी पत्नी ने पढ़ा है। बहू का कहना है, "मैं सोचती थी, आपको पढ़कर मैं आपको बेहतर समझ पाऊँगी लेकिन लगता है और कम समझ पाई हूँ।"

दरअसल, हर इन्सान एक साथ दो जिन्दगियाँ जीता है। व्यावहारिक और आन्तरिक। व्यावहारिक जीवन, हर हाल, करीब-करीब एक जैसे चलता रहता है पर आन्तरिक जीवन की असल बातें गुप्त ही रहती हैं। खास तौर पर महिलाओं को

सीख दी जाती है कि वे अपने बारे में किसी से कुछ न कहें। पर देखिए, लोकगीतों में उनकी आन्तरिक भावनाएँ कितनी खुलकर व्यक्त होती हैं। मूलत: स्त्रियाँ बहुत-सी बातें छुपाकर रखती हैं। तभी न सम्भोग के नकली चरम सुख को असली बनाकर पेश कर लेती हैं। जब तक आप अपनी इच्छाएँ अव्यक्त रखती हैं, किसी को कोई परेशानी नहीं होती। लेकिन जैसे ही आप अपने प्रति ईमानदार होकर, साहस के साथ, अपनी इच्छाएँ प्रकट करती हैं, लोग आपको परास्त करने के रास्ते खोजने लगते हैं।

शोमा : क्या आप बने-बनाए जीवन मूल्यों पर प्रश्नचिन्ह लगाते रहना जरूरी समझती हैं? क्या आपका लेखन बने-बनाए रास्तों को छोड़कर चलने की सलाह देता है? लगता तो ऐसा ही है।

मृदुला गर्ग : हाँ। मेरी दो-तीन कहानियाँ अपरिभाषित रिश्तों पर आ चुकी हैं। ऐसा रिश्ता, जिसे हमेशा निभाने की जरूरत न हो, जो दो-तीन वर्षों के लिए बने, जो आपको बाँधकर न रखे, जीवन में परिपूर्णता पाने के लिए बहुत महत्त्वपूर्ण है। मैं 'वन नाइट स्टैंड' या एक रात के जिस्मानी साथ की बात नहीं कर रही, बल्कि उस गहरे रिश्ते की बात कर रही हूँ, जो अपरिभाषित रहता है। ऐसे रिश्ते मेल-मिलाप, संवाद, राजदारी, अद्‌भुत आनन्द और रोमांच की दुनिया का सृजन करते हैं। यदि आप उस पर लिखना चाहते हैं तो आपको जरा दूरी बनाकर, खुद को वह सब करते देखना होगा। सहभागी होने के साथ साक्षी भी होना होगा, तभी आप कुछ रच सकेंगे। मिसाल के तौर पर 'चित्तकोबरा' का अधिकांश हिस्सा मेरे आत्मानुभव पर आधारित है। लेकिन रचनात्मक सत्य यह है कि जब आप उस रोमांच और आनन्द में खो जाते हैं तो सच और कल्पना में अन्तर करना छोड़ देते हैं। साक्षी होने पर आप काफी बार कल्पना को ही सच मान लेते हैं। यह सम्भव नहीं है कि जैसा आप चाहें, हरदम वैसा जीवन जीने को मिले। जो जीवन में अप्राप्य रह जाता है, उसे आप अपनी किताबों में जीते हैं। कहने का तात्पर्य यह है कि जब आप कुछ रचते हैं तो उसका मतलब होता है कि आप उसे जी भी रहे हैं। हम केवल फिक्शन में ही पूरा सच बोल सकते हैं; रोजमर्रा की जिन्दगी में हमेशा सच बोलना लगभग असम्भव है।

एक बार किसी ने मुझसे कहा था कि इस उपन्यास में अगर स्त्री पात्र (प्रेमी) पुरुष से शारीरिक सम्बन्ध न बनाती तो वह क्लासिक रचना होती। मैंने कहा, मेरे हिसाब से शारिरिक सम्बन्ध के वाकई होने न होने से कोई अन्तर नहीं पड़ता, अगर उसकी इच्छा मन में हो। अगर आप बाहरी दबाव में इच्छित को नहीं करते पर उसकी लालसा करते हैं तो वह सम्भोग करने जैसा ही है। आप दूसरे के साथ ही नहीं, खुद अपने से भी विश्वासघात करते हैं। निर्बाध वह करना जिसकी इच्छा हो, साहसिक

ईमानदारी का काम है; अगर आप उसके नतीजे को, जो भी वह हो, भुगतने को तैयार हों तो।

शोमा : यानी एक स्तर पर आप यह भी कह रही हैं कि समाज द्वारा अग्राह्य रिश्ते वैवाहिक सम्बन्ध से इतर होते हैं। या तो वे पहुँच से बाहर होते हैं या उन्हें जीवन पर्यंत जिया नहीं जा सकता?

मृदुला गर्ग : हाँ-हाँ। असल में स्त्री-पुरुष के सम्बन्ध में भी, बाल-सुलभ ममता और वात्सल्य या व्यापक तौर पर कहें तो करुणा समाहित रहती है। फारसी में कहते हैं, बेटा ही असल माशूक होता है क्योंकि आपकी नजर में वह कुछ गलत नहीं कर सकता और कुछ वक्त बाद, वह हासिल नहीं रहता। जिन्दगी को रचना में तब्दील करने के लिए जरूरी है एक ऐसा इन्सान, जिसे आप निःस्वार्थ भाव से चाहें और जो हमेशा आपके पास न रहे। पुत्र से बढ़कर कौन हो सकता है; उसे तो बड़ा होने पर आपको छोड़ना ही है। 'चित्तकोबरा' के एक दृश्य में स्त्री अपने प्रेमी को बच्चे के रूप में देखती है और वह उसकी आँखों के सामने बड़ा होता है। तब उसकी आँखों में आँसू आ जाते हैं क्योंकि वह जानती है कि वह उसे छोड़कर चला जाएगा। यानी वह रिश्ता, जिसका खत्म होना या बिछुड़ना अनिवार्य है, तनाव पैदा करने के साथ एक रोमांचक और जीवनदायी अनुभव होता है। हो सकता है, कोई कल्पना में ही प्यार करता रहे। शारीरिक या शाब्दिक सम्बन्ध न होकर, केवल विचार के माध्यम से रिश्ता कायम हो सकता है।

एक बात और, हिन्दी जगत् में बौद्धिक या वैचारिक उपन्यास-कहानी को कम स्वीकृति मिलती है। निश्छलता के पुनःसृजन को बहुत महत्त्व दिया जाता है। मैं मानती हूँ कि आप 'अन्य' को पूरी तरह तभी महसूस कर सकते हैं जब आपके पास भाव के साथ विचार भी हो। कितनी तरह के विचार चेतना में घुमड़ते रहते हैं। अचानक किसी ऐसे व्यक्ति से मिलते हैं, जो आपके भीतर नई चेतना जगा देता है। कोई छोटी-सी बात, चेहरे की भाव-भंगिमा, बातचीत का टुकड़ा, उत्प्रेरक बन जाता है और आप लिखने बैठ जाते हैं। लेकिन वास्तविक आन्तरिक प्रवाह, विचार ही होता है। मेरे लिए विचार एक जुनून है, कोई निर्जीव, शुष्क चीज नहीं। यह सेक्सुअल सम्बन्ध जितना ही जरूरी है। बैद्धिक और दैहिक जुनून के मिलन से पैदा हुई रचना ही साहित्यिक कृति बनती है। अन्यथा वह आलेख ही रहता है।

शोमा : क्या आपके लेखकीय सरोकार पिछले वर्षों में कुछ बदले हैं?

मृदुला गर्ग : केन्द्रीय सरोकार तो वही हैं। मैं उन लोगों में से हूँ, जो देश और विश्व की समस्याओं पर चिन्तन करने पर विवश होते हैं। लेकिन उनके बारे में जबरन उपन्यास-कहानी नहीं लिख पाती। गहराई से महसूस करने पर ही लिख पाती हूँ। जैसे बाल श्रमिकों पर मैंने काफी लिखा है। एक नाटक है, उपन्यास-कहानी में

भी आया है।

हाल में मैंने जो कहानियाँ लिखी हैं, उनमें व्यंग्यात्मक-विषाद और कामिक सेंस साथ-साथ है। मुझे लगता है, लेखन के रचनाकाल में कई तरह के दौर आते हैं। कुछ समय बाद आप अपने लेखन से निःस्संग हो जाते हैं और तब विवादित मुद्दों पर बिना झुँझलाहट लेखन कर सकते हैं। तभी अवसादयुक्त व्यंग्य या आइरनी का जन्म होता है। दरअसल, जब हम पहली किताब लिखते हैं तो सोचते हैं, हमने कुछ बेमिसाल रच दिया है (हँसती हैं)। कुछ समय बाद अवसाद हमें घेरने लगता है। हम अपने प्रति ज्यादा आलोचनात्मक रवैया अपनाते हैं। मेरे साथ यही होता रहा है। लगता है, अपने विचारों का कुछ अंश ही लेखन में व्यक्त कर पाई हूँ; जैसा चाहती थी, कृति वैसी स्वतःस्फूर्त नहीं लिख पाई। उसी कशमकश में तो 'चित्तकोबरा' लिखा गया।

(2001 में न्यूयॉर्क ह्यूमन राइट्स वॉच द्वारा हैलमन हैमट ग्रांट दिए जाने के तुरन्त बाद 'तहलका' द्वारा लिया गया साक्षात्कार।)

मूल अंग्रेजी से अनुवाद : **विज्ञान भूषण**

□□□